잘사는법
99

잘 사는 법
99

| 우리 모두 잘살기를 발원하며 |

우리는 살아가면서 수없이 많은 문제를 만난다.
그리고 그 문제를 풀고 해결하느라 고민하고 애쓴다. 어느 때는 혼자 해결하고 어느 때는 누군가의 도움을 받기도 한다.
어느 날 나는 친구와 이야기를 나누다가 이런 말을 했다.
"부처님은 이럴 때 어떻게 하라고 일러주셨을까?"
그런데 정말로 부처님께서는 삶의 일상에서 일어나는 크고 작은 문제에 대한 해답을 쉽고 자상하게 일러주고 계셨다. 부처님의 육성을 그대로 느낄 수 있는 초기경전에서 부처님은 부모님처럼 스승처럼 우리를 잘사는 길, 행복하게 살 수 있는 길로 안내하고 이끌어 주신다.
2천 6백여 년 전에 제자들에게 혹은 외도들에게 그때그때 하신 말씀이 어떻게 오늘 우리의 가슴에 이토록 와 닿는지 그냥 감동스러울 뿐이다.

시절 인연이었는지 금년에 꼭 책 한 권 펴내라고 주위에서 내게 권했다. '어떤 책이 우리의 삶에 도움이 될까? 생각하다 불자가 아닌 사람들에게도 울림을 줄 수 있는 부처님 말씀을 골라 묶어 보기로 했다.

누구나 공감하고 누구나 공부해 두면 좋을 부처님 말씀 1백 78편을 가려 뽑아 99개의 주제로 정리했다. 1백 78편의 말씀 중 1백 66편은 ≪아함경≫과 ≪법구경≫의 가르침이다.

그밖에 12편은 ≪열반경≫·≪부모은중경≫·≪불본행경≫·≪숫타니파아타≫·≪효자경≫·≪사십이장경≫·≪사분율≫·≪인욕경≫·≪불모출생경≫·≪부사의광경≫·≪니건자경≫ 등에 있는 말씀이다.

주제마다 독자에게 묻는 형식의 질문을 던진 이유는 읽는 이들이 좀더 자기를 들여다보고 점검해 보자는 뜻에서다.

올 여름 나는 이 작업을 하면서 너무 기뻤다.
부처님께서 나의 생활습관을 하나하나 바로잡아 주셨기 때문이다. 부처님은 게으르지 말고 부지런하라고 경전 여러 곳에서 강조하셨다. 마음 다스리는 법과 좋은 벗에 대해서도 자주 말씀하셨다. 늙음과 죽음을 미리미리 대비하고 공부할 것을 일러주셨다. 때로는 살 빼는 법, 재산관리법, 돈 벌고 쓰는 법까지 챙겨 주셨다.

이 책이 '어떻게 살아야 하는가'를 묻고 사색하는 이들의 길 안내가 되길 바란다. 그래서 우리 모두 지혜롭고 현명하게 잘살기를 발원한다.

나는 올해 미수를 맞은 우리 어머님이 오래오래 내 곁에 계셔 주길 바라면서 이 책을 그분의 결실로 드린다. 그분이 안 계셨으면 오늘 내가 어찌 저 해와 달을 볼 수 있었겠는가.

이 책이 나오기까지 도움말을 아끼지 않은 불교방송 홍사성 상무님에게 감사의 말씀을 전한다.

'마음산책' 시리즈 첫 권으로 이 책을 만들어준 우리출판사 대표 무구스님과 편집실 식구들에게도 감사한다.

2006년 가을
최 정 희 합장

| 차례 |

우리 모두 잘살기를 발원하며

1장 _ 잘 덮인 지붕에 비 새지 않듯이

자기를 사랑하는 법 · 14
교만한 마음을 쉽게 다스리는 법 · 16
마음을 잘 다스려야 하는 이유 · 18
자기와 싸워 이기는 법 · 22
마음의 때를 쓸고 닦는 법 · 26
행복은 어디에서 오나 · 28
사랑을 담담하게 하는 법 · 30
사랑에서 근심이 생기는 이유 · 32
욕망에는 고통이 따른다 · 34
모욕과 비방에 대처하는 법 · 36
분노를 다스리는 법 · 38
화를 삭이는 방법 · 42

현명한 사람의 용서법 • 46
내 허물을 지적해 주는 사람 • 48
질투심 잠재우는 기 • 50
가장 큰 부자가 되는 법 • 52
참다운 사람의 조건 • 54
어진 사람이 되는 비결 • 56
어리석은 사람을 알아내는 법 • 60
인간의 더러운 속성 • 64

2장 _ 바람을 거슬러 풍기는 향기

늦었다고 생각할 때 • 68
소원성취의 비결 • 70
부지런해야 하는 이유 • 72
당신은 어떤 향기를 지녔는가 • 76
도둑도 훔쳐갈 수 없는 보물 • 80
인색의 얼음을 녹여주는 보시 • 82
보시의 꿈을 키우는 방법 • 84
재산을 잘 관리하는 법 • 86
돈을 버는 법과 쓰는 법 • 88
현명한 부자가 돈을 모으는 이유 • 90

살빼기 성공비결 • 92
행복하게 사는 법 • 94
원하는 것을 얻는 비결 • 96
대장부가 되는 조건 • 98
지도자가 갖춰야 할 덕목 • 100
남의 허물을 들추려면 • 102
남의 처지에서 생각하기 • 104
세 치 혀를 조심하라 • 106
언행일치 • 108
말을 많이 하면 • 110

3장 _ 모든 것 다 드려도 아까워 말라

부모의 자식사랑 • 114
자식을 잘 키우는 법 • 116
자식의 도리 • 118
부모님의 은혜 • 122
처자만 위하는 불효자 • 126
불효의 과보 • 128
아내를 사랑하는 법 • 130
남편을 사랑하는 법 • 132

제자의 스승 공경법 • 134
스승의 도리 • 136
우정을 가꾸는 방법 • 138
좋은 친구를 사귀어야 하는 이유 • 140
좋은 친구와 나쁜 친구 구별법 • 142
좋은 벗의 조건 • 144
선지식을 가까이 하면 • 148
비슷한 사람끼리 어울리는 까닭 • 150
윗사람을 섬기는 공덕 • 152
장로가 되려면 • 154
사람을 평가하는 기준 • 156
겉모습에 속지 말라 • 158

4장 _ 기운 쪽으로 넘어지는 나무처럼

당신도 언젠가는 죽는다 • 162
늙음과 죽음이 밀려올 때 • 164
삶과 죽음이 둘 아닌 소식 • 166
죽음과 가까워지는 법 • 168
살면서 꼭 공부해야 할 것 • 172
사후가 불안하면 • 174

주변의 천사를 보아라 · 176
하루를 살아도 잘 사는 법 · 178
세상에서 가장 밝은 것 · 180
지금 이 순간을 놓치지 말라 · 182
남을 헐뜯고 모욕하면 · 184
폭력과 폭언 뒤에 오는 것 · 188
헛소문에 대처하는 법 · 190
진실을 말해도 화를내면 · 192
당당한 행동을 하라 · 194
이성에 대한 욕망을 잠재우는 법 · 196
애욕을 다스리는 법 · 198
남의 아내를 유혹하면 · 202
쾌락에 빠진 사람에게 주는 교훈 · 204
수태된 생명을 떨어뜨리면 · 206

5장 _ 삼독을 끊으면 언제나 즐겁다

부처님은 왜 출가하셨나 · 210
불교의 핵심교리 연기법 · 212
부처님 최초의 설법 사성제 · 214
불교수행의 종착역 열반 · 216

열반으로 가는 길 • 218

불교의 종교적 특질 • 220

양극단을 피하는 중도 • 222

세상에서 가장 즐거운 일 • 224

눈·귀·코·입·몸·뜻이 당신의 것인가 • 226

어리석은 중생과 지혜로운 성자의 차이 • 228

범부 중생에서 벗어나려면 • 230

원인과 결과의 법칙 • 232

인생에서 명암이 교차하는 이유 • 236

괴로움에서 벗어나는 방법 • 238

죄업을 씻으려면 • 240

기복주의에서 벗어나라 • 242

오계를 범하는 사람 • 244

호흡명상법 • 246

불교를 믿고 공부하는 이유 • 248

1장 잘 덮인 지붕에 비 새지 않듯이

자기를 사랑하는 법

60대 초반의 대원성 보살은 젊은 날 '연꽃모임'을 만들었다. 이 모임은 스님들과 일반 학생들에게 장학금을 지급하고 어려운 이웃을 돕고 군부대를 위문하는 등 많은 일을 한다. 대원성 보살은 사찰과 신행단체에서 진일, 마른일을 가리지 않는다. 그는 소속사찰의 신도회장직을 맡고 있는데 법문을 아주 잘한다. 일상 속에서 보고 느낀 이야기지만 부처님의 가르침이 녹아 있고 지혜가 담겨 있어 듣는 이에게 감동을 준다.

그는 해, 달, 바위, 꽃, 나무 등 자연 하나하나에도 '님' 자를 붙여 부른다. 대원성 보살에게서는 늘 기쁨이 피어난다. 그의 이러한 이웃사랑, 자연사랑이 곧 자기사랑이라고 생각한다.

당신은 자기 자신을 어떻게 사랑하십니까?

몸과 말과 뜻으로 선행을

부처님은 이렇게 일러주셨습니다.

어떤 사람이 몸과 말과 뜻(身口意)으로 악행을 한다면
그는 자기 자신을 사랑하거나 보호하는 것이 아니다.
왜냐하면 나쁜 행위를 하게 되면
그는 그로 인해 편안해지지 않기 때문이다.
반대로 몸과 입과 뜻으로 선행을 하면
그는 참으로 자기 자신을 사랑하고 보호하는 것이다.
왜냐하면 착한 행위를 하게 되면
그는 그로 인해 안락을 얻을 수 있기 때문이다.
진실로 자기를 사랑하고 보호하려는 사람은
잠깐이라도 빈틈이 없이
악행을 막고 선행을 실천해야 한다.

잡아함 46권 《자호경》

교만한 마음을 쉽게 다스리는 법

교황 바오로 2세가 한국에 오셨을 때다. 비행기에서 내려 땅에 입맞춤을 하는 모습은 참으로 인상적이었다. 가장 낮은 자세로 가장 낮은 곳에 입맞추며 이 땅에 사랑과 평화를 축원하는 교황은 온화하고 자애롭고 겸허해 보였다.

닮고 싶은 얼굴이었다.

턱을 치켜들고 목에 힘을 주며 거드름을 피우는 사람들이 그때 교황의 모습을 보았다면 어떤 마음이었을까.

잘난 척하는 그대는
오만의 성(城)이 무너질까봐
지금 공포에 떨고 있소

이것이 그대의 진실한
겉모습이고 내면의 영혼이라면
더 큰 불행이 닥치기 전에
하루빨리 마음을 교정해 봅시다.

천문학 박사 이시우 교수의 시 〈명상〉의 한 부분이다.

당신은 지금 목에 힘을 주고 있지 않습니까?

스스로 낮추어 인사하라

부처님은 이렇게 일러주셨습니다.

어질고 거룩한 사람에게는
항상 합장하고
공경하는 마음을 가져야 한다.
또한 부모와 어른과 존경할 만한 모든 사람에게
마땅히 교만한 마음을 내지 말고,
스스로 낮추어 인사하고 마음을 다해
받들어 섬기며 공경해야 한다.

잡아함 4권 《교만경》

마음을 잘 다스려야 하는 이유

마음은 자기를 운전하는 운전기사다.

마음이 술에 취한 듯 비틀거리면 온전한 삶을 살 수 없다. 어느 재벌가의 며느리가 미국에서 귀국했다. 그는 걱정, 근심, 불안 등으로 마음의 안정을 못 찾아 건강마저 해치게 되었다. 친척의 도움으로 그는 매일 절에 가서 백팔배 참회정진을 스님의 지도 아래 백일 간 했다.

정진하는 동안 눈물이 주체 못할 정도로 쏟아졌다고 한다. 기도를 마친 그의 얼굴은 밝아졌다. 건강도 좋아져 삶의 활기를 되찾았다. 자기 마음의 중심을 잡은 것이다.

당신은 마음이 들떠 흔들릴 때 어떻게 하십니까?

잘 덮인 지붕에 비 새지 않듯이

부처님은 이렇게 일러주셨습니다.

모든 일은 마음이 근본이 된다
마음에서 나와 마음으로 이루어진다
나쁜 마음을 가지고
말하거나 행동하면
괴로움이 그를 따른다
수레바퀴가 마소의 발자국을 따르듯이.

《법구경》쌍서품

허술하게 이은 지붕에
비가 새듯이
수양이 없는 마음에는
탐욕의 손길이 뻗치기 쉽다.

잘 덮인 지붕에는
비가 새지 않듯이
수양이 잘된 마음에는
탐욕이 스며들 틈이 없다.

《법구경》쌍서품

마음은 들떠 흔들리기 쉽고
지키기 어렵고 억제하기 어렵다
지혜로운 사람은 마음 갖기를
활 만드는 사람이 화살을 곧게 하듯 한다.

적과 적이 서로 겨루고
원수끼리 물고 뜯으며 싸운다 한들
사악한 마음이 저지르는 해독보다는
그래도 그 영향이 적을 것이다.

《법구경》 심의품

자기와 싸워 이기는 법

아주 오래 전, 김일엽 스님의 《청춘을 불사르고》를 읽었다.

기억이 정확치는 않지만 '생자의 책임은 생자의 것'이란 말이 있었다. 삶의 책임은 자기 자신의 몫, 누구도 자기를 책임져 줄 수 없다는 뜻으로 받아들였다. 나는 이 말이 좋아 마음에 담아 두었다.

우리는 때때로 악의 유혹을 받는다. 게으름과 같은 자기 안의 유혹, 그리고 돈과 명예, 권력과 같은 외부의 유혹에 흔들리기 쉽다. 이러한 유혹에서 벗어나려면 자기와 싸워 이겨야 한다. 자기를 이긴다는 것은 자기의 게으른 마음, 옹졸한 마음, 정당치 못한 마음 등을 이긴다는 뜻이다. 자기와의 싸움은 누구도 대신해 줄 수 없는 자기닦음이다. 평발인 박지성 선수가 세계적인 축구선수가 된 것은 자기와의 싸움에서 이긴 좋은 본보기이다.

당신은 자신과 싸워 이길 수 있습니까?

자신을 이기는 사람이 승리자

부처님은 이렇게 일러주셨습니다.

전쟁터에서 싸워
백만 인을 이기기보다
자기 자신을 이기는 사람이
가장 뛰어난 승리자다.

자기 자신을 이기는 일은
남을 이기는 일보다 뛰어난 것
그러니 자신을 억제하고
항상 절제하는 사람이 되라.

《법구경》술천품

남을 가르치듯 스스로 행한다면
그 자신을 잘 다룰 수 있고
남도 잘 다스리게 될 것이다
자신을 다루기란 참으로 어렵다.

자기야말로 자신의 주인
어떤 주인이 따로 있을까
자기를 잘 다룰 때
얻기 힘든 주인을 얻은 것이다.

《법구경》 기신품

자기야말로 자신의 주인이고
자기야말로 자신의 의지할 곳
그러니 말장수가 좋은 말을 다루듯이
자기 자신을 잘 다루라.

《법구경》비구품

마음의 때를 쓸고 닦는 법

　수효사 주지 무구(無垢)스님(사회복지법인 효림원 이사장)의 법명은 때가 없는 청정한 경지를 뜻한다. 스님은 법명과 같은 경지에 이르기 위해 열심히 정진한다.
　그 정진의 하나가 묵언이다. 마음에 묻은 먼지와 때를 닦아 내려는 듯 스님은 일정기간 말문을 닫는다. 절 살림 때문에 꼭 필요하면 필담을 한다.
　스님은 부지런하다. 수효사, 백천사 두 절의 불사를 하느라 바쁜 중에도 매일 새벽 통학 강원을 오가며 강원이력을 마쳤다. 동국대학교에서 사회복지학을 전공, 석사가 됐다. 그뿐 아니다. 따주기 공덕회를 운영하면서 세운 복지불사의 원력은 '사회복지법인 수효사 효림원'을 만들었다.
　그 많은 불사를 이끌어 가면서도 스님은 화를 잘 내지 않는다. 잘 웃는다. 스님은 그렇게 마음의 때를 씻어 내고 있다.

　당신은 마음의 때를 어떻게 벗겨 내십니까?

금세공장이 은의 때를 벗기듯이

부처님은 이렇게 일러주셨습니다.

지혜로운 사람은
차례차례 조금씩
자기 때를 벗긴다
금세공장이 은(銀)의 때를 벗기듯이.

독경하지 않으면 경전이 때묻고
수리하지 않으면 집이 때묻으며
옷차림을 게을리 하면 용모가 때묻고
방일하면 수행자가 때묻는다.

낯짝이 두터워 수치를 모르고
뻔뻔스럽고 어리석고 무모하고
마음이 때묻은 사람에게
인생은 살아가기 쉽다.

《법구경》진구품

행복은 어디에서 오나

    도시 생활을 접고 농촌 또는 산골로 들어가 마음의 안녕과 건강을 챙기는 사람들이 있다.

    가끔 신문, 방송, 잡지 등에 보도되는 그들은 이름 모를 풀 한 포기와 대화를 나누고 수확한 농산물을 도시의 친지들과 나누며 행복해 한다.

    돈과 명예를 탐하지 않는다. 그들은 욕심을 비우고 주어진 것에 만족하며 자연 속에서 자기의 속뜰을 가꾼다.

    당신은 행복을 찾아 헤매고 있지 않습니까?

행복은 욕심 비우는 곳에서

부처님은 이렇게 일러주셨습니다.

그대들은 알아야 한다.
참다운 행복이란
욕심을 비우는 곳에서 생기는 것이다.
욕심이란
행복을 앗아가고
한없는 괴로움과 환란을 가져오는 것이다.
그러므로 참으로 행복하고자 한다면
욕심을 비워야 한다.

중아함 25권 《고음경》

사랑을 담담하게 하는 법

사람들은 사랑을 하면서 울고 웃는다. 괴로워하면서도 사랑을 한다. 자식을 사랑하고 아내와 남편을 사랑하고 연인을 사랑하고 친구를 사랑한다. 부처님은 《법구경》 애호품에서 "사랑하는 사람은 못만나 괴롭다 / 그러므로 사랑하는 사람을 / 애써 만들지 말라"고 일러주셨다.

그렇다고 사랑을 멀리할 사람이 몇이나 될까.

《숫타니파아타》 33에 보면 악마가 이런 말을 한다.

"사람들은 집착으로 기쁨을 삼는다. 집착할 데가 없는 사람은 기뻐할 것도 없으리라."

이에 스승은 대답한다.

"사람들은 집착하고 근심한다. 집착이 없는 이는 근심할 것도 없느니라."

사랑을 하되 애증의 집착에서 벗어난 담담한 사랑을 하면 '사랑은 눈물의 씨앗'이라는 유행가 노랫말이 피부에 와닿지 않을 텐데….

당신은 사랑을 '눈물의 씨앗'이라고 생각하십니까?

사랑은 슬픔을 만드는 원인

부처님은 이렇게 일러주셨습니다.

만일 어떤 사람의 어머니가 목숨을 마쳐 죽으면
그는 미친 듯이 슬퍼한다.
만일 어떤 사람의 아버지, 형님, 누나, 동생, 며느리가 죽으면
또한 미친 듯이 슬퍼한다.
이는 모두 그들을 사랑했기 때문에 생기는
슬픔과 근심, 번민과 괴로움이다.
그래서 사랑은 슬픔을 만드는 원인이라고
말하는 것이다.

중아함 60권 《애생경》

사랑에서 근심이 생기는 이유

이원섭 시인은 법구경 해설서 《법구경의 진리》에서 사랑의 목마름에 대해 이렇게 말했다.

"사랑이란 자아관념이 낳은 집착이어서 괴로움의 원인이다. 가족과 친족의 애정, 친구와의 우정, 연인과의 욕락, 성적인 애욕 등은 갈애라는 맹목적인 집착으로서의 사랑이므로 탐욕이라 할 수 있다.

즉 목마름에 비유되는 격렬한 욕망이 대상을 따라 여러 애정으로 바뀌는 것이어서, 사랑의 밑바닥에는 무지에서 오는 집착이 도사리고 있다. 그러므로 그것을 떠나지 않는 한 괴로움에서 벗어날 수 없는 것은 당연하다."

사랑에서 생기는 근심과 두려움의 원인은 집착이다.

당신은 사랑의 목마름을 어떻게 다스립니까?

쾌락·욕정·망집에서 벗어나라

부처님은 이렇게 일러주셨습니다.

쾌락에서 근심이 생기고
쾌락에서 두려움이 생긴다
쾌락에서 벗어난 이는 근심이 없는데
어찌 두려움이 있겠는가.

욕정에서 근심이 생기고
욕정에서 두려움이 생긴다
욕정에서 벗어난 이는 근심이 없는데
어찌 두려움이 있겠는가.

망집에서 근심이 생기고
망집에서 두려움이 생긴다
망집에서 벗어난 이는 근심이 없는데
어찌 두려움이 있겠는가.

《법구경》애호품

욕망에는 고통이 따른다

내 친구 화숙이가 나에게 《꽃들에게 희망을》이란 책을 선물했다. 감명 깊게 읽었고 나도 이 책을 여러 사람에게 선물했다.

나비를 주인공으로 한 이 책에서 애벌레는 기둥 꼭대기에 삶의 목적이 있을 것이라 믿고 꼭대기를 향해 오르고 또 오른다. 결국 꼭대기에는 아무것도 없다는 것을 알게 된다. 의미없는 치열한 경쟁만 있을 뿐이었다.

인간의 욕망도 그렇다. 무엇을 이루고 나면 만족은 잠시, 다시 새로운 욕망으로 향한다. 욕망은 끝이 없다. 채워도 채워도 자꾸 더 채우고 싶은 욕망의 산물은 고통이다. 문어발식 기업이 부도를 초래하고 더 편한 것을 추구하는 사람들로 인해 지구가 황폐해 지는 것을 보면 알 수 있다.

당신은 욕망을 잘 조절할 수 있습니까?

황금이 소나기처럼 쏟아질지라도

부처님은 이렇게 일러주셨습니다.

황금이 소나기처럼 쏟아질지라도
사람의 욕망을 다 채울 수는 없다
욕망에는 짧은 쾌락에
많은 고통이 따른다.

《법구경》 불타품

모욕과 비방에 대처하는 법

초등학교 1, 2학년 때였다.

우리 반에 순이라는 아이가 있었다. 순이는 이름처럼 몹시 순했다. 아이들은 피부가 희고 포동포동한 순이를 꼬집거나 때리고 달아났다. 그래도 순이는 화도 안 내고 울지도 않았다. 빙긋이 웃을 때도 있었다.

왜 그랬을까?

이유를 모르겠다. 지금 생각하면 그는 비록 부처님 가르침을 모르는 어린아이였지만 '묵빈대처(默擯對處)'할 줄 아는 불자와 다르지 않았다. 아마 순이는 전생에 수행을 많이 했나 보다.

당신은 모욕과 비방에 어떻게 대응하십니까?

욕설로 차린 진수성찬 누가 먹나

부처님은 이렇게 하셨습니다.

한 젊은 외도가 부처님을 찾아와 욕지거리로 부처님을 모욕했다. 듣고만 계실 뿐 별 반응을 보이지 않던 부처님이 젊은 외도에게 물으셨다.
"그대는 집에 손님이 오면 좋은 음식을 대접하는가?"
"그렇습니다."
"만약 손님이 그 음식을 먹지 않으면 그것은 누구의 차지가 되는가?"
"그야 물론 내 차지가 되겠지요."
"오늘 그대가 욕설로 차린 진수성찬을 내가 받지 않았으니 그 모욕적 언사들은 모두 그대의 차지가 되겠군."
젊은 외도는 조용히 웃고 계신 부처님 앞에 무릎을 꿇었다.

잡아함 42권 《빈기가경》

분노를 다스리는 법

　가까운 도반이 전혀 예기치 못한 일에 휘말려 회사를 그만두고 송사까지 당했었다. 얼마나 분하고 억울하고 속상할까. 안타깝기도 하고 걱정이 돼서 위로의 말을 건네면 그는 짧게 답할 뿐이었다.
　"부처님 가르침대로 살려고 노력합니다."
　분노가 치밀어 올라오면 '원한을 품지 말고 참고 견디라' 는 부처님 말씀을 떠올리면서 삭이는 것 같았다.
　시간이 지나고 때가 되어 그는 다시 회사의 제자리로 돌아갔다. 그는 자기를 괴롭힌 사람들을 원망하는 말을 하지 않는다. '어떻게 하면 그들과 관계를 개선할 수 있을까' 를 모색하고 있다. 선의 열매가 익기 전에는 선한 이도 화를 만난다더니 아마 그도 그래서 그런 어려움을 겪었나 보다.
　그는 길을 가다가 무거운 짐을 든 사람이 힘들어 하면 말없이 다가가 거드는 불자다. 그는 알게 모르게 법시(法施)를 하고 있다. 나는 그를 선지식이라고 생각한다.

　당신은 분노를 어떻게 다스립니까?

참는 것은 분노를 이기네

부처님은 이렇게 일러주셨습니다.

참는 것은 분노를 이기고
착한 것은 악한 것을 이기네.
은혜를 베풀면 간탐을 항복받고
진실된 말은 거짓의 말을 이기네.

꾸짖지 않고 사납게 하지 않아도
언제나 성현의 마음에 머무르면
나쁜 사람이 화를 돋우더라도
돌산처럼 움직이지 않을 수 있으리라.

잡아함 42권 《아수라경》

'그는 나를 욕하고 해쳤다
나를 이기고 내 것을 빼앗았다'
이러한 생각을 품고 있으면
원한이 가라앉지 않는다.

'그는 나를 욕하고 해쳤다
나를 이기고 내 것을 빼앗았다'
이러한 생각을 품지 않으면
마침내 원한이 가라앉으리라.

《법구경》쌍서품

이 세상에서 원한은
원한에 의해서는 결코 풀어지지 않는다
원한을 버릴 때에만 풀리나니
이것은 변치 않을 영원한 진리다.

《법구경》쌍서품

싸움터에서 화살을 맞고도
참고 견디는 코끼리처럼
나도 비난을 견디리라
사람들 중에는 질이 나쁜 무리도 있으니까.

《법구경》상유품

화를 삭이는 방법

어느 드라마의 한 장면이다.
남자 애인이 여자 애인에게 말했다.
"어른도 계신 데 그렇게 큰 소리로 화를 내면 어떻게 하니?"
"그럼 화가 나는데 어른이 계신다고 무조건 참으란 말야? 난 그렇게 못해."
"누가 무조건 참으래. 조그맣게 말하든지 아니면 우리 둘이 만 있을 때 말하면 되잖아."
"화가 나는 데 어떻게 조그맣게 말해. 난 화 나면 큰 소리를 내야지 그렇지 않으면 홧병 난단 말야."
나도 화 나면 목소리가 커진다. 이 책을 펴내는 인연으로 화를 삭일 줄 아는 진짜 마부가 되도록 노력해야겠다.

당신은 화를 잘 내십니까?

화를 삭이는 이가 진짜 마부

부처님은 이렇게 일러주셨습니다.

달리는 수레를 멈추게 하듯
끓어오르는 화를 삭이는 이를
나는 진짜 마부라고 부르겠다
다른 사람은 고삐만을 쥐고 있을 뿐이다.

《법구경》분노품

육신의 성냄을 막고
육신을 억제하라
육신의 악행을 버리고
육신으로써 선을 행하라.

말의 성냄을 막고
말을 삼가라
말의 악행을 버리고
말로써 선을 행하라.

마음의 성냄을 막고
마음을 억제하라
마음의 악행을 버리고
마음으로써 선을 행하라.

《법구경》분노품

온화한 마음으로 성냄을 이겨라
착한 일로 악을 이겨라
베푸는 일로써 인색함을 이겨라
진실로써 거짓을 이겨라.

진실을 말하라 성내지 말라
가진 것이 적더라도
누가 와서 빌거든 선뜻 내어줘라
이 세 가지 덕으로 그대는 신들 곁으로 간다.

《법구경》 분노품

현명한 사람의 용서법

기자 시절이었다.
일로 인해 동료 기자와 입씨름을 했다.
점심시간에 복도에서 그 동료와 마주쳤다.
동료가 내게 말했다.
"식사하러 가시죠."
그때 나는 그의 말에 대꾸는커녕 고개를 홱 돌려 외면했다.
평소 사과를 잘하고 남의 사과도 잘 받아들이는 내가 그때 왜 그랬는지 모르겠다.
민망했을 상대방과 나의 옹졸함을 보인 그 장면을 떠올리면 지금도 부끄럽다.

당신은 누가 잘못을 사과하면 선뜻 용서하십니까?

사과를 받지 않는 것도 잘못

부처님은 이렇게 일러주셨습니다.

잘못을 하고도
뉘우치지 않는 것은 잘못이다.
잘못을 사과하고 용서를 비는 데
받아들이지 않는 것도 잘못이다.
그들은 모두 어리석은 사람들이다.
그러나
잘못을 하고
그것을 뉘우치는 것은 훌륭한 일이다.
잘못을 비는 사람을 용서하는 것은
더 훌륭한 일이다.
이들은 모두 현명한 사람이다.

잡아함 40권 《득안경》

내 허물을 지적해 주는 사람

회사나 단체에서 자문료를 지불하면서 자문위원을 두는 이유는 잘못을 지적받고 새로운 의견을 들어 더 발전하기 위해서다.

개인도 마찬가지다.

자기의 잘못을 지적해 주는 사람에게 감사해야 함은 당연한 일이다. 그런데도 대부분 사람들은 자기의 허물을 지적하고 충고해 주면 감사의 자문료는커녕 언짢아하기 일쑤다.

불교에 자자(自恣)의식이 있듯 충고를 겸손한 자세로 받아들일 줄 알아야겠다. 잘못을 지적해 주는 사람의 자세도 생각해 볼 문제다.

당신은 허물을 지적해 주는 사람에게 감사하십니까?

보배를 찾아준 고마운 분

부처님은 이렇게 일러주셨습니다.

내 허물을 지적하고 꾸짖어 주는
어진 사람을 만났거든 그를 따르라
그는 감추어진 보배를 찾아 준
고마운 분이니 그를 따르라
그런 사람을 따르면 좋은 일이 있을 뿐
나쁜 일은 결코 없으리라.

《법구경》 현철품

질투심 잠재우기

'사촌이 땅을 사면 배가 아프다'는 속담이 있다.

사촌이 땅을 사는데 왜 배가 아픈가.

나도 그렇게 되고 싶다는 바람이 질투심으로 나타나는 것 아닐까.

그 질투심이 분발의 촉진제가 되면 좋지만 남을 시기하고 증오하고 나아가 자기 학대에까지 이르면 몸과 마음이 병들게 된다.

파괴적 본능을 지녔다는 질투심을 잠재우려면 나보다 우월한 사람을 인정하고 존중하고 남이 잘되면 내 기쁨처럼 축하해 줄 줄 알아야겠다.

당신은 사촌이 땅을 사면 배가 아픕니까?

질투하는 사람의 일곱 가지 죄악

부처님은 질투하는 사람이 짓는 일곱 가지 죄악에 대해 이렇게 일러주셨습니다.

첫째, 질투심을 지니면 아무리 깨끗하게 목욕하고 좋은 향을 바르더라도 그 얼굴이 점점 나빠진다. 둘째, 질투심을 지니면 아무리 좋은 침대에서 좋은 베개를 베고 자더라도 편안하게 자지 못한다. 셋째, 질투심을 지니면 아무리 애를 쓰더라도 끝내 좋은 일이 생기지 않는다. 넷째, 질투심을 지니면 좋은 벗이 그를 피해 간다. 다섯째, 질투심을 지니면 나쁜 이름이 사방에 퍼진다. 여섯째, 질투심을 지니면 몸과 말과 생각으로 나쁜 업을 지음으로써 끝내 재산을 잃게 된다. 일곱째, 질투심을 지니면 몸과 입과 뜻으로 나쁜 짓을 하게 되므로 나중에 지옥보를 받게 될 것이다.

그러므로 알아야 한다. 질투심은 마음의 더러움이 되어 재물이나 명예에 이롭지 않고 도리어 무섭고 두려운 일을 가져온다. 슬기로운 사람은 이를 알아 작은 잘못도 알아서 없애기에 애쓴다. 그리하면 성냄도 걱정도 없어지고, 질투하는 마음을 끊으면 번뇌가 없어져 열반을 얻으리라.

중아함 30권 《원가경》

가장 큰 부자가 되는 법

'건강을 잃으면 세상을 다 잃는 것과 같다' 는 말이 있다.

그런데도 어떤 사람들은 술, 담배를 못 끊고 운동을 게을리 하고 제 시간에 잠을 자지 않는 등 건강을 제대로 챙기지 않는다.

내가 산책을 나가면 만나는 중풍환자가 있다.

50대 중반쯤 되어 보이는 그 남자는 지팡이에 의지해 걷는 연습을 한다. 더운 날이나 추운 날이나 꾸준히 노력한다.

"많이 좋아지셨습니다."

어느날 내가 인사를 하니 그는 "이만한 것도 다행입니다. 열심히 해야죠"라고 답했다.

욕심 부리지 않고 주어진 환경에서 최선을 다하며 감사할 줄 아는 것도 건강한 삶의 한 모습이다.

몸과 마음이 건강하고 작은 것에도 만족할 줄 알면 돈만 많은 부자보다 더 값진 부를 누릴 수 있다.

당신은 세상에서 가장 큰 부자가 되고 싶지 않으십니까?

만족할 줄 아는 것이 가장 큰 부자

부처님은 이렇게 일러주셨습니다.

병 없이 건강한 것이 가장 큰 이익이요
만족할 줄 아는 것이 가장 큰 부자다
신뢰가 두터운 것이 가장 좋은 벗이요
열반에 이르는 것이 최고의 행복이다.

《법구경》안락품

참다운 사람의 조건

목욕탕에서 본 일이다.

어떤 중년의 여자가 목욕을 마치고 옷을 입으면서 자기 집안 자랑을 늘어놓았다. 그 여자가 나가자 때 미는 아주머니가 "올 때마다 저렇게 자랑을 늘어놓는다"면서 못마땅해 했다.

사람들이 좋은 집, 좋은 음식, 명품의 옷과 장신구 등을 탐하는 이유는 자기만족과 더불어 남에게 과시하고 자랑하면서 느끼는 쾌감을 맛보려는 것 아닐까.

그런 사람들은 속이 허할 것 같다. 그러니 과시욕을 채우려 할 수밖에.

학력, 가문, 외모, 재력 등을 자랑하며 거들먹거리는 사람들도 같은 부류다. 당당하고 속이 꽉 찬 사람은 도리에 맞게 자기를 살피며 산다.

당신은 자기를 과시하거나 자랑하기를 좋아하십니까?

자랑하지 않고 자신 살피네

부처님은 참다운 사람에 대해 이렇게 일러주셨습니다.

비록 자신이 귀족 출신이고, 용모가 단정하며, 말재주가 뛰어나며, 박학다식하고, 장로이며, 옷차림이 위의에 맞고, 검소하고, 절제가 엄정하고, 조용한 산림에서 수행하고, 초선과 비상비비상처정(非想非非想處定)을 성취했다고 하더라도 그것을 자랑하지 않고 오히려 자신을 살피며 탐욕과 성냄과 어리석음(삼독심)을 끊어 없애려고 한다. 그가 참된 사람이다.

중아함 21권 《진인경》

어진 사람이 되는 비결

대부분의 사람들은 누가 자기를 칭찬하면 좋아한다.
반대로 누가 자기를 비방하면 화를 내거나 싫어한다.
칭찬과 비방에 흔들리지 않는 사람, 집착하지 않고 묵묵히 자기 일에 충실한 사람, 그런 사람이 되려면 부처님 가르침에 의지하여 그대로 실천하면 될 텐데 왜 그게 잘 안될까.

당신은 칭찬과 비방에 흔들립니까?

비방과 칭찬에 흔들리지 않네

부처님은 이렇게 일러주셨습니다.

진리를 음료수로 하는 사람은
맑은 마음으로 편안히 잠들 것이다
어진 사람은 항상 즐긴다
성인들이 말씀한 그 진리를.

물 대는 사람은 물을 끌어들이고
활 만드는 사람은 화살을 곧게 한다
목수는 재목을 다듬고
어진 사람은 자기 자신을 다룬다.

《법구경》현철품

반석은 그 어떤 바람에도
끄떡하지 않는 것처럼
어진 사람은 비방과 칭찬에
흔들리지 않는다.

현명한 사람은 어디서나 집착을 버리고
쾌락을 찾아 헛수고를 하지 않는다
즐거움을 만나거나 괴로움을 만나거나
어진 사람은 동요의 내색을 하지 않는다.

《법구경》 현철품

깊은 못은 맑고 고요해
물결에 흐르지 않는 것처럼
어진 사람은 진리를 듣고
마음이 저절로 깨끗해진다.

번뇌를 물리칠 묘약을 구하라
어진 사람은 욕망을 버리고
아무것도 가진 것 없이
마음의 때를 씻어 자신을 맑혀라.

《법구경》현철품

어리석은 사람을 알아내는 법

자식에 집착하지 않고 재산에 집착하지 않는 사람은 드물다.
'혀가 국 맛을 알듯이' 어진 이를 가까이 섬겨 진리를 깨닫는 사람도 드물다.
드문 사람이 되어야 어리석음에서 벗어날 수 있다.

당신은 자식과 재산에 집착하십니까?

숟가락이 국 맛을 모르듯이

부처님은 이렇게 일러주셨습니다.

어리석은 자가 어리석은 줄 알면
그만큼 그는 슬기롭다
그러나 어리석으면서 슬기롭다고 한다면
그야말로 진짜 어리석은 사람이다.

어리석은 자는 한평생을 두고
어진 사람을 가까이 섬길지라도
참다운 진리를 깨닫지 못한다
마치 숟가락이 국 맛을 모르듯이.

《법구경》 우암품

어리석은 자는 나쁜 짓을 하고 나서도
그 과보가 나타나기 전에는 꿀같이 생각한다
그러나 악의 과보가 눈앞에 다다르면
그때에야 비로소 뉘우치며 괴로워한다.

'내 자식이다' '내 재산이다' 하면서
어리석은 사람은 괴로워한다
제 몸도 자기 것이 아닌데
어찌 자식과 재산이 제 것일까.

《법구경》 우암품

나그네 길에서 자기보다 뛰어나거나
비슷한 사람을 만나지 못했거든
차라리 혼자서 갈 것이지
어리석은 자와 길벗이 되지 말라.

《법구경》 우암품

인간의 더러운 속성

나는 무슨 일이 내 뜻대로 안될 때 어떻게 하는가.
욕심에서 생기는 나쁜 행동을 얼마나 자주하는가.
중아함《예품경》을 읽으면서 생각해 보았다.
나는 인간의 더러운 속성을 몇 가지나 지녔는지 때때로 점검해 봐야겠다.

당신은 욕심에서 생기는 나쁜 행동을 자주 하십니까?

뜻대로 안되면 나쁜 마음 품는 것

부처님의 제자 사리풋타는 인간의 더러운 속성에 대해 이렇게 말했습니다.

욕심에서 생기는 나쁜 행동을 더러움이라 한다.
예를 들어 계율을 범하고도 그 사실을 아무도 모르기를 바라는 것, 남이 알게 되면 부끄러워하기보다 오히려 화를 내고 좋지 않은 마음을 품는 것, 자기보다 나은 사람이 지적하면 가만히 있고 자기보다 못한 사람이 지적하면 좋지 않은 마음을 품는 것, 대중 가운데서 대접받기를 원하고 자기 뜻대로 되지 않으면 좋지 않은 마음을 품는 것, 자기만이 부처님께 질문하고 또 부처님이 자기만을 위해 설법해 주기를 바라는 것, 이런 모든 것이 자기 뜻대로 되지 않으면 좋지 않은 마음을 품는 것이 곧 더러움이다.

중아함 22권 《예품경》

참다운 행복이란
욕심을 비우는 곳에서
생기는 것이다.

     중아함 ≪고음경≫

2장 바람을 거슬러 풍기는 향기

늦었다고 생각할 때

자식들 공부 다 시켜놓고 사각모를 쓰는 만학도들이 있다. '늦었다고 생각할 때가 가장 빠르다'고 하지만 만학의 경우 쉽지 않은 일이다. 젊은이도 중년도 아닌 황혼을 바라보는 나이에 대학 안 다녔다고 문제될 일이 없다. 다만 자기 자신의 삶의 질에 관계될 뿐이다.

보람된 삶을 위해, 자기만족을 위해 늦었다고 생각할 때를 기회로 삼아 자식·손자 같은 학생들과 함께 공부하여 빛나는 학사모를 쓰는 걸 보면서 그들에게 박수를 보낸다. 더불어 주부교실에서 공부하는 어머니들에게도 박수와 찬사를 보낸다. 기회는 오는 것이 아니라 잡는 것이다. 나아가 내가 만드는 것이다.

당신은 늦었다고 생각할 때 어떻게 하십니까?

기회를 허송하지 말라

부처님은 늙은 거지 부부에 대해 묻는 아난다에게 이렇게 말씀하셨습니다.

저 늙은 부부는 젊고 건강했을 때 열심히 일하지 않았기 때문에 신세가 곤궁하게 되었다. 만약 저들이 젊고 건강했을 때 열심히 일했다면 아마 사밧티에서 제일가는 부자가 되었을 것이다. 만약 장년이 되었을 때 정신을 차리고 열심히 일했다면 사밧티에서 둘째 가는 부자가 되었을 것이다. 중년을 맞아 그때라도 정신을 차리고 열심히 일했다면 사밧티에서 셋째 가는 부자가 되었을 것이다. 저들은 그런 기회를 다 허송하고 말았다. 이제 저들은 건강도 없고 재물도 없고 의욕도 없고 감당할 능력도 없다. 안타까운 일이로구나.

잡아함 42권 《노부부경》

소원성취의 비결

 이솝우화에 나오는 '토끼와 거북이' 이야기를 모르는 사람은 없다.
 거북이는 뛸 수 있는 재능이 없어도 부지런히 걸어 낮잠을 잔 토끼보다 먼저 목적지에 도달하여 승리의 만세를 부른다.
 "게으르지 않고 부지런하면 소원을 이루고 창고의 재물도 늘어난다"는 부처님의 말씀을 마음에 새겨야겠다.
 그리고 부지런해야겠다. 지금부터.

당신은 재능만으로 뜻을 이룰 수 있다고 생각하십니까?

방일하지 않고 부지런하면

부처님은 소원성취의 비결을 이렇게 일러주셨습니다.

그것은 오직 한 가지 게으르지 않는 것이다.
누구나 방일하지 않고 부지런하면
현세의 소원을 성취하고
후세의 소원을 성취하게 될 것이다.
또한
창고의 재물도 더욱 늘어나
풍족해질 수 있을 것이다.
그러므로 부지런한 것을 칭찬하고
부지런하지 않은 것을 비난해야 한다.

잡아함 46권 《불방일경》

부지런해야 하는 이유

　삼천사 주지 성운스님(사회복지법인 인덕원 이사장)은 환갑이 지나서 박사가 됐다.
　신도 제접하고, 불사 하고, 복지사업 하느라 몹시 바쁜 가운데 학부를 마치고 동국대학교에서 석사, 박사가 됐다. 학업뿐 아니라 피아노도 배우고 컴퓨터도 배웠다. 복지불사의 현장 체험을 이론과 접목해서 책도 펴냈다.
　그리고 동국대학교 대학원에서 강의도 한다.
　보통 부지런해서 될 일이 아니다.
　참선과 경학을 공부한 수행자의 몸과 마음으로 시간을 금쪽처럼 효율적으로 나눠 쓰고 잠시도 게으르지 않은 결과라고 생각한다.

　당신은 부지런하십니까?

불방일은 좋은 일의 시작

부처님은 부지런하면 생기는 좋은 일에 대해 이렇게 일러주셨습니다.

함부로 굴지 않고 게으르지 않음(不放逸)은
모든 좋은 일의 근본이며
모든 좋은 일의 원인이며
모든 좋은 일의 시작이다.
마치 농사를 지을 때
그 모든 것이 다 대지를 원인으로 하고
대지를 의지하며
대지를 바탕으로
이루어지는 것처럼.

중아함 34권 《유경》

부지런함은 감로(甘露·열반)의 길이요
게으름은 죽음의 길이다
부지런한 사람은 죽지 않지만
게으른 사람은 죽은 거나 마찬가지다.

이 이치를 똑똑히 알아
거기에 통달한 사람은
게으르지 않음을 기뻐하고
성인의 경지를 즐기리라.

《법구경》 방일품

게으름에 빠지지 말라
욕락을 가까이 하지 말라
게으르지 않고 생각이 깊은 사람만
큰 안락을 얻게 되리라.

게으른 무리 중에서 부지런하고
잠든 사람 가운데서 깨어있는 현자는
빨리 뛰는 말이 느린 말을 앞지르듯이
앞으로 앞으로 나아간다.

《법구경》 방일품

당신은 어떤 향기를 지녔는가

사람마다 그 사람 특유의 냄새가 있다. 무엇을 생각하고 어떻게 말하며 계를 지켜 실천하는 가에 따라 맑고 향기로운 냄새를 풍기기도 하고 역겨운 악취를 풍기기도 한다.

유안진 시인은 〈끼리는 끼리다〉라는 시에서 이렇게 말했다.

항상 백합 꽃 향기를 풍기는 친구와
차를 마시며 잡담을 나누다가,
약속시간을 깜박했다면서 가버린
그의 빈자리에서 남긴 커피에서 자꾸
돼지 냄새가 나는 듯했다.

생각해 보니 우리는 한 시간이 넘도록
다이어트식품, 건강식품, 미용식품, 장수식품,
비타민 종류와 한약은 물론 효험을 보았다는 이들의
체험담 입소문까지 줄곧 먹는 얘기만 했다.

(중략)

"나한테서 자꾸 삼겹살 냄새가 나더라구?"

당신은 어떤 향기를 지녔습니까?

바람을 거슬러 풍기는 향기

부처님은 사람의 향기에 대해 이렇게 일러주셨습니다.

어느 마을에 착한 남자와 여자가 있다.
그들은 생명을 함부로 죽이지 않고,
남의 물건을 훔치지 않으며,
음행 하지 않고,
거짓말하지 않으며,
술 마시고 실수하지 않았다.
이런 사람을 보면 누구든지
'계율이 청정하고 진실한 법을 성취했다' 고 말할 것이다.
이것은 그 사람에게서 나는 향기다.
이 향기는
바람을 따라서도 풍기고
거슬러서도 풍기며
바람이 불거나
불지 않거나 관계없이 풍기는 것이다.

잡아함 38권《아난경》

꽃향기는 바람을 거스르지 못한다
전단도 타가라도 쟈스민도 마찬가지
그러나 덕이 있는 사람의 향기는
바람을 거슬러 사방에 풍긴다.

전단과 타가라와 푸른 연꽃
그리고 밧시키 등
여러 가지 향기가 있지만
덕행의 향기가 가장 뛰어나다.

《법구경》화향품

한길가에 버려진
쓰레기 더미 속에서도
은은하게 향기를 뿜으며
연꽃이 피어오르듯이,

버려진 쓰레기처럼
눈먼 중생들 속에 있으면서도
바로 깨달은 사람(부처님)의 제자는
지혜로써 찬란하게 빛나리라.

《법구경》 화향품

도둑도 훔쳐갈 수 없는 보물

내 여동생은 남의 일이라면 발 벗고 나선다.

어려운 일 당한 사람 돕기 위해 동분서주하고, 아픈 사람 있으면 보살피고, 지역단체에 나가 봉사하고, 강의하고, 맛있는 것 있으면 나눠 먹고, 이웃의 궂은 일 기쁜 일 챙기느라 늘 바쁘다.

이런 내 동생을 보고 그의 가까운 친구가 말했다.

"그렇게 복을 짓는데 어떻게 자식들이 잘되지 않을 수 있겠어요."

당신은 어떤 보물을 갖고 있습니까?

허물어지지 않는 보배창고

부처님은 이렇게 일러주셨습니다.

그대가 지은 복만이 불로도 태우지 못하고
바람으로도 날리지 못한다.
홍수가 모든 것을 쓸어간다 해도
복은 떠내려가지 않는다.
도적이 재물을 훔쳐간다 해도
착한 사람이 지은 복은 빼앗아 갈 수 없다.
착한 일을 해서 지은 공덕의 보배창고는
끝끝내 허물어지지 않는다.

잡아함 48권 《화소경》

인색의 얼음을 녹여주는 보시

　이원섭 시인은 보시를 이렇게 풀이했다.
　"보시는 문이니, 자아의 감옥에서 우리를 나오게 한다. 보시는 동아줄이니, 탐욕의 불꽃으로부터 우리를 구해 준다. 보시는 햇볕이니, 우리 가슴에 도사린 인색의 얼음을 녹여 준다.
　보시는 배니, 우리를 자비의 바다로 인도한다. 이런 점에서 물질로 시작한 보시는 가르침의 보시(法施)로 발전하는 것이어서 보시의 완성은 곧 불법의 완성이라 할 수 있다."
　부처님은 《금강경》에서 보시에 대해 '주어도 준 바 없이 주라'고 일러주셨다.

　당신은 이웃에게 가진 것을 나누어주십니까?

얻으러 오는 손님을 기다려라

부처님은 이렇게 일러주셨습니다.

큰 힘을 얻고자 한다면 음식을 나누어주라.
단정한 얼굴을 얻고자 한다면 의복을 나누어주라.
안락을 바란다면 수레를 보시하고
밝은 눈을 얻고자 한다면 등불을 보시하라.
모든 것을 보시했다고 말하려면
무엇을 얻기 위해 찾아오는 손님을 기다리는 것이다.
아울러 진리를 중생에게 가르쳐 주면
그것이야말로
보시 중에서도 가장 훌륭한 보시라 할 것이다.

잡아함 36권 《시하득대력경》

보시의 꿈을 키우는 방법

나와 친동기처럼 지내는 후배가 있다.

그는 "여유가 생기면 가난한 사람을 돕겠다"고 입버릇처럼 말한다. 그렇다고 그가 '잔칫날 쓰기 위해 소젖을 짜지 않는 어리석은 사람'처럼 부자가 될 때까지 어려운 이웃을 못 본 척 하는 것은 아니다.

지금도 기회 닿는 대로 장애인도 돕고 유니세프에 기금을 보내는 등 눈에 보이는 대로 선행을 한다.

부자가 되면 이웃을 좀더 적극적으로 크게 돕겠다는 발원을 하고 있다.

당신은 널리 베풀어 공덕쌓기를 발원하고 있습니까?

공덕이 밤낮으로 자라는 비결

부처님은 이렇게 일러주셨습니다.

공덕을 짓고자 한다면 동산에 과일나무를 심으라.
그러면 나무에는 그늘이 많고 시원하여
여러 사람들이 쉬어갈 수 있어 훌륭한 공덕이 될 것이다.
다리를 놓거나 배를 만들어 강을 건너게 해 주거나
배고픈 사람들을 도와주는
복덕의 집을 짓고 보시를 하거나
우물을 파서
목마른 사람의 갈증을 풀어주는 것도 방법이다.
객사를 지어서
지나가는 나그네를 쉬게 하는 일도 매우 훌륭한 일이다.
이렇게 하면 공덕은 밤낮으로 자랄 것이다.

잡아함 36권 《공덕증장경》

재산을 잘 관리하는 법

오래 전 이야기다.

우리 아버지는 어머니의 반대에도 불구하고 건설업 하청업자에게 돈을 빌려주셨다. 그 돈은 우리 집 전 재산이었다.

'가게를 하나 살까, 집을 장만할까' 하던 꿈이 그 돈을 못 받게 되면서 수포로 돌아가고 우리는 힘든 생활을 하게 됐다.

추운 겨울, 우리 어머니는 그 돈을 받으러 한강 다리를 건너 마포 서강까지 걸어가셨다. 오실 때 차비로 받으신 돈을 아끼느라 또 한강의 칼바람을 맞으며 걸어오셨다.

부처님 말씀대로 재산관리를 잘했으면 그런 고생을 안했을 것이다.

당신은 재산관리를 어떻게 하고 있습니까?

재물을 넷으로 나눠서 관리

부처님은 재가자의 재산관리법을 이렇게 일러주셨습니다.

우선 일을 잘하는 법을 배워야 한다.
그리고 재물을 모으게 되면
그것을 넷으로 쪼개서
한 무더기는 먹고 사는 데 쓰고
두 무더기는 생업을 위해 이윤을 얻는 데 쓰고
나머지 한 무더기는 곤궁할 때를 대비해
저축해 두는 것이 좋다.
성공한 사람의 그늘에 사람이 모여들면
그들을 친형제처럼 거두고 받아들여야 한다.
그들에게 이익을 골고루 나누어주면
목숨이 다한 뒤에는
천상에 태어나 즐거움을 누리게 되리라.

잡아함 48권 《기능경》

돈을 버는 법과 쓰는 법

　자식 과외 공부시키려고 매춘에 나선 주부들 이야기가 언론에 보도된 일이 있다.
　아무리 자식 공부시키는 일이 중요하다고 해도 정당하지 않게 번 돈으로 자식 과외비를 대는 일은 옳은 일이 아니다.
　훗날 자식들이 그 사실을 알게 되면 어떤 표정일까.

　당신은 돈을 어떻게 벌어서 어떻게 씁니까?

정당하게 벌어 널리 베풀면 최상

부처님은 이렇게 일러주셨습니다.

돈을 모으는 방법도 여러 가지고
돈을 쓰는 방법도 여러 가지다.
만일 정당하지 않게 재물을 구하거나
또는 어떤 때는 정당하고
어떤 때는 정당하지 않게 재물을 구해서
자기와 남을 위해 쓰지도 않고
또한 널리 베풀어 복도 짓지 않으면 이는 모두 옳지 않다.
그러나 만약 정당하게 재물을 구하거나
스스로 수고해서 재물을 구해 가족과 남을 위해 쓰고
또한 널리 베풀어서 복을 지으면 이는 둘 다 최상이니라.

중아함 30권 《행욕경》

현명한 부자가 돈을 모으는 이유

행원문화재단 주영운 이사장은 올해로 15년째 행원문화상을 주고있다. 또 승가대학 스님들과 조계종 종립 중·고교 학생들에게 장학금을 지급한다. 그뿐 아니다.

불교계 불사에 동참하고, 고향인 개풍군의 실향민 자녀들에게도 장학금을 준다.

경리사원으로 시작하여 레미콘 회사 대표가 된 주이사장.

자신은 근검절약하는 생활을 하면서 아낌없는 보시를 실천하여 이웃에게 꿈과 희망을 심어주고 있다. 그는 부처님 가르침대로 돈을 제대로 쓸 줄 아는 불자다.

만약 당신이 부자라면 재산을 어떻게 쓰겠습니까?

처자권속 돌보며 보시공덕 쌓네

부처님은 파세나니왕에게 불쌍한 사람이 찾아오면 문을 닫고 식사를 하고 부모와 처자권속에게까지 인색한 부자 이야기를 듣고 이렇게 말씀하셨습니다.

그는 자기의 재물을 널리 써서
큰 이익을 얻을 줄 모르는 바보요.
비유하면 넓은 들판에 물을 가득 가두어 두었으나
그 물을 마시거나 목욕을 하지 않으면
말라서 사라지는 것과 같소.
그러나 재산을 모아 먼저 부모를 공양하고
처자권속을 돌보며 가난한 이웃과 친구들에게
나누어줄 줄 아는 사람은 현명한 부자라 할 것이요.
이는 비유하면 마을 부근에 연못을 만들고 나무를 심어
사람들이 찾아와 쉬게 해 주는 것과 같소.
그는 사람들의 칭찬을 받을 것이며
그 공덕으로 천상에 태어날 것이오.
돈은 이렇게 쓰려고 아끼고 모으는 것이오.

잡아함 46권 《간경》

살빼기 성공비결

나는 식탐이 있다.

맛있는 음식을 보면 절제하지 못하고 과식한다.

어릴 때도 젊은 날에도 집에서 맛있는 음식을 하는 날이면 하굣길 또는 퇴근길의 발걸음이 가벼워 단숨에 집으로 달려왔다.

오늘의 내 비만이 이러한 식습관과 무관하지 않다고 본다. 고쳐야지, 정말 고쳐야겠다.

당신은 비만 때문에 고민하십니까?

먹을 때마다 절제하라

부처님은 맛있는 음식을 보면 참지 못하고 과식을 하며 살이 쪄서 힘들어 하는 파세나디왕에게 이런 게송을 지어 주셨습니다.

사람은 마땅히 음식의 양을 헤아려
먹을 때마다 절제할 줄 알아야 한다.
그래야 과식에서 오는 괴로움을 줄이고
건강도 하고 장수를 누릴 수 있으리라.

잡아함 42권 《천식경》

행복하게 사는 법

'외상이면 소도 잡아먹는다'는 속담이 있다.

카드빚을 갚으려고 도둑질하는 사람이 있는가 하면 카드빚을 못 갚아 자살하는 사람도 있다.

당장 눈앞의 욕구충족을 위해 자기의 수입을 생각 못하고 분수에 맞지 않게 마구 써대는 사람들의 비극이다.

바르고 절도 있는 생활, 꼭 지켜야 할 가르침이다.

반대로 재물이 풍족하면서 쓰지 않는 사람도 어리석은 사람이다. 편안하고 행복하게 살고 싶으면 부처님께서 일러주신 《울사가경》의 네 가지 방법을 잘 실천해 보자.

당신은 절도 있는 생활을 하십니까?

행복해지는 네 가지 덕목

부처님은 이렇게 일러주셨습니다.

첫째는 직업에 충실해야 한다.
둘째는 재산을 잘 보호하는 것이다.
셋째는 착한 벗과 사귀는 것이다.
좋은 벗은 근심과 걱정을 만들지 않으며, 기쁨과 즐거움을 가져다 주는 사람이니 이런 벗과 사귀어야 한다.
넷째는 바르고 절도 있는 생활을 해야 한다.
지출과 수입을 비교해 수입보다 지출을 적게 하고 낭비를 하지 않아야 한다. 만일 재물이 풍부하면서도 그것을 쓰지 않으면 굶어죽는 개와 같이 어리석은 일이다.

잡아함 4권 《울사가경》

원하는 것을 얻는 비결

명예와 재물과 덕망 그리고 좋은 벗을 얻고 싶지 않은 사람이 어디 있겠는가.

흔히 사람들은 자기가 원하는 것이 뜻대로 되지 않으면 "내가 무슨 복이 있어서…"라고 말한다. 자기의 박복을 한탄하거나 합리화하는 말이다.

그러나 복은 저절로 굴러 들어오는 것이 아니라 자기가 만드는 것이다. 지은 업대로 받는 것이다. 원하는 것을 얻으려면 먼저 복씨를 심어 가꾸어야 수확할 수 있다.

감나무 밑에서 감 떨어지길 기다려서야 되겠는가.

당신은 어떻게 살고 있습니까?

계율을 지키고 먼저 베풀어라

부처님은 이렇게 일러주셨습니다.

명예를 얻고자 한다면 계율을 지키시오.
재물을 얻고자 하면 보시를 행하시오.
덕망이 높아지고 싶으면 진실한 삶을 살고,
좋은 벗을 얻고자 하면 먼저 은혜를 베푸시오.
그러면 그대가 원하는 것을 모두 얻을 수 있을 것이오.

잡아함 48권 《명칭경》

대장부가 되는 조건

'대장부'라고 하면 우리는 '씩씩함'과 함께 '호연지기'를 떠올린다. 호연지기를 사전은 이렇게 풀이하고 있다.
① 하늘과 땅 사이에 넘치게 가득 찬 넓고도 큰 원기.
② 도의에 뿌리를 박고 공명정대하여 조금도 부끄러울 바 없는 도덕적 용기.
③ 사물에서 해방되어 자유스럽고 유쾌한 마음.
부처님께서 말씀하신 대장부는 ③항에 가까울 것 같다.
제행이 무상함을 깨달아 육신에 집착하지 않고 욕심과 번뇌를 버리는 사람. 우리는 그런 대장부가 되길 발원하고 공부해야겠다.

당신은 욕심과 번뇌가 일어나면 어떻게 하십니까?

욕심과 번뇌를 버리는 사람

부처님은 이렇게 일러주셨습니다.

내가 대장부라고 하는 사람은 이런 사람이다.
자신의 육신을 영원하다고 생각하지 않으며
따라서 거기에 집착하지 않는 사람,
그리하여 욕심과 번뇌를 다 버리는 사람이다.
왜냐하면 그는 그로 인해 해탈을 얻기 때문이다.

잡아함 24권 《대장부경》

지도자가 갖춰야 할 덕목

요즘 우리 사회는 리더십에 대해 자주 거론하고 있다.
대통령을 비롯 정치인들의 리더십을 말하는가 하면 경영인들의 리더십이 언론에 오르내린다.
조직과 단체를 이끄는 이들도 리더십을 공부하고, 젊은이들도 관심이 많다. 때문에 관련 서적도 시선을 끌고 있다.
일등 지도자가 되고 싶으면 2천5백여 년 전 부처님께서 일러주신 대중을 이끄는 법을 잘 챙기면 도움이 될 것이다.

당신은 지도자가 되고 싶습니까?

사섭법을 실천하라

부처님은 대중을 이끄는 방편으로 네 가지 덕목(四攝法)을 일러주셨습니다.

첫째는 은혜를 베풀고(布施)
둘째는 부드럽고 고운 말을 쓰며(愛語)
셋째는 사람들에게 이익이 되도록 하며(利行)
넷째는 모든 일을 같이 하도록 하는 것(同事)이다.
만일 과거·현재·미래의 사문이나 바라문이
사섭법으로 대중을 이끈다면
어떤 대중도 이끌지 못할 대중이 없을 것이다.

중아함 9권《수장자경》

남의 허물을 들추려면

남의 허물을 들출 때는 신중해야 한다.
우리는 남의 허물이나 잘못을 너무 쉽게 말한다.
허물을 지적할 때는 본인에게 직접 말해야지 당사자가 없는 곳에서 누군가의 허물을 말하면 그것은 흉이나 험담이 된다. 본인에게 잘못을 일러줄 때도 상대방을 얕잡아보거나 우월감을 갖고 말하면 오히려 역효과가 나기 쉽다.
'고맙다'는 생각을 할 수 있도록 진정으로 아끼는 마음에서 잘못을 일깨워 줘야 한다.
나는 과연 그렇게 하는지 돌아보면서 이 글을 쓴다.

당신은 남의 허물을 지적할 때 어떻게 하십니까?

다섯 가지를 갖춰야 한다

부처님은 이렇게 일러주셨습니다.

우선 다섯 가지를 갖추어야 한다.
첫째는 반드시 사실이어야 한다.
둘째는 말할 때를 알아야 한다.
셋째는 이치에 합당해야 한다.
넷째는 부드럽게 말해야 한다.
다섯째는 자비심으로 말해야 한다.

잡아함 18권 《거죄경》

남의 처지에서 생각하기

"네가 내 입장에서 생각해 봤어?"

대화 중에 흔히 쓰는 말이다. '역지사지(易地思之)' 즉 처지를 바꾸어서 생각한다는 말이다.

남의 입장에서 보면 내가 좋아하지 않는 일은 남도 좋아하지 않는다는 것을 쉽게 알 수 있다. 아니 역지사지 하지 않더라도 내가 싫으면 남도 싫어할 것은 뻔한 이치다.

그런데도 부처님께서 '내가 싫으면 남도 싫어한다'는 가르침을 주신 것은 중생들이 제대로 실천을 못하기 때문일 것이다. 내가 좋아하는 일만 남에게 하면 관계도 좋아지고 주변이 맑고 향기로워질 것이다.

당신은 남이 싫어할 일을 하지 않습니까?

내가 싫으면 남도 싫어한다

부처님은 이렇게 일러주셨습니다.

만약 누가 나를 속이려 한다면 나는 좋아하지 않는다.
내가 좋아하지 않는 것이면 남도 그럴 것이다.
그런데 어떻게 남을 속이겠는가.
만약 누가 나와 친구를 갈라지게 한다면
나는 좋아하지 않는다.
내가 좋아하지 않는 것이면 남도 그럴 것이다.
그런데 어떻게 남의 친구를 갈라놓겠는가.
만약 누가 나를 욕한다면 나는 좋아하지 않는다.
내가 좋아하지 않는 것이면 남도 그럴 것이다.
그런데 어떻게 남을 욕하겠는가.
이렇게 생각하고 계율을 지켜야 한다.

잡아함 37권 《비뉴다라경》

세 치 혀를 조심하라

사극을 보면 권모술수(權謀術數)가 난무한다.
후세의 평가와 과보가 무서운 줄 알았다면 그렇게 음모하고 중상모략(中傷謀略)하지 않았을 것이다.
그게 어디 사극에서 뿐인가. 요즘도 정계에서 직장에서 단체에서 칭찬해야 할 사람을 중상모략하는 풍경을 볼 수 있다.

당신은 칭찬해야 할 사람을 비방한 일이 있습니까?

입 안의 도끼가 제 몸을 찍나니

부처님은 이렇게 일러주셨습니다.

사람이 이 세상에 태어나면 입 안에 도끼가 함께 생긴다.
그것을 잘 간수하지 않으면 도리어 제 몸을 찍나니
그것은 세 치 혀를 잘못 놀리기 때문이다.
칭찬해야 할 것을 도리어 비난하면
그 죄는 바로 입에서 생기는 것이니
결국 죽어서 나쁜 곳에 떨어지게 된다.

잡아함 49권 《구가리경》

언행일치

내가 20대일 때 〈앎과 함〉이라는 얄팍한 잡지를 만난 일이 있다. 너무 좋아서 오랫동안 간직했는데, 아마 지금도 내 서재 어디쯤에 있을 것이다.

실천이 없는 앎은 무용지물이라는 가르침이 담겨 있었던 것으로 기억한다. 말도 마찬가지이다. 실천이 따르지 않는 말은 빈 수레 소리처럼 시끄러운 소음에 지나지 않는다.

불교의 수행도 그렇다. 아무리 교리에 해박하고 법문을 잘해도 언행이 일치하지 않으면 깨달음과는 거리가 멀 뿐이다.

당신은 말을 하면 실천에 옮기십니까?

실천이 따르는 말은 메아리가 크다

부처님은 이렇게 일러주셨습니다.

아무리 사랑스럽고 빛이 고울지라도
향기 없는 꽃이 있는 것처럼
실천이 따르지 않는 사람의 말은
번드르르 할지라도 그 알맹이가 없다.

사랑스럽고 빛이 아름다우면서
은은한 향기를 내뿜는 꽃이 있듯이
실천이 따르는 사람의 말은
그 메아리가 크게 울린다.

《법구경》화향품

말을 많이 하면

여자는 하루에 2만 단어를, 남자는 7천 단어를 말한다고 한다. '말을 많이 하면 스트레스가 해소되는데, 여자가 남자보다 오래 사는 것도 말을 많이 하기 때문인 것 같다'고 미국의 어느 대학이 조사 발표했다.

불교에서는 나쁜 행위를 하는 열 가지 업을 십악업이라고 한다. 그 중에서 입으로 짓는 악업이 망어, 기어, 양설, 악구 등 네 가지다. 이 네 가지 업을 짓지 않는 것이 입으로 짓는 네 가지 선업이다.

말을 많이 하다 보면 좋은 말만 할 수 없다. 해서는 안될 말, 쓸데없는 말을 해서 악업을 짓기 쉽다. 그러면 말을 많이 해서 스트레스를 풀기보다 오히려 악업에 대한 스트레스를 받을 수 있다.

말수가 적더라도 선업에 해당하는 말만 골라 하면 그것이 곧 정진이고 수행이다.

당신은 필요한 말만 하십니까?

쓸모없는 천 마디의 말

부처님은 이렇게 일러주셨습니다.

쓸모없는 말을 엮어
늘어놓는 천 마디보다
들으면 마음이 가라앉는 한 마디가
훨씬 뛰어난 말이다.

쓸모없는 구절을 모아
엮어 놓은 천 편의 시보다
들으면 마음이 가라앉는 한 편의 시가
훨씬 뛰어난 시다.

《법구경》술천품

말을 많이 한다고 해서
슬기로운 사람은 아니다.
원한과 두려움에서 벗어난 고요한
그런 사람이 슬기로운 사람이다.

말을 많이 한다고 해서
도를 실천하는 사람은 아니다.
들은 것이 적더라도 몸소 체험하고
진리에서 벗어나지 않음이 도를 실천하는 사람이다.

《법구경》주법품

3장 모든 것 다 드려도 아까워 말라

부모의 자식사랑

70세가 넘으신 노보살이 수술실에 들어가기 직전에 이런 말을 했다.

"내가 딸이 둘 있는데 큰딸은 스님이 돼서 신도들의 존경을 받으니 걱정이 없소. 작은딸은 마흔이 넘었는 데도 결혼을 안 해서 그 딸이 마음에 걸리오."

수술실을 향하며 눈시울을 적신 노보살의 자식사랑은 곧 모든 어머니의 마음일 것이다.

우리 어머니도 예외가 아니다. 얼마 전 미국에서 공부하는 내 조카가 결혼하기 위해 귀국했다. 결혼식을 마치고 신부와 함께 몸져 누워계신 할머니께 인사 드리러 왔다. 그때 축하의 말씀을 하신 우리 어머니는 당부할 말이 있다고 하셨다.

"이모가 결혼을 안했으니 이 다음에 너희들이 잘 모셔야 한다"며 눈물을 글썽이셨다. 조카 내외도 울음 섞인 목소리로 대답했다.

"네, 할머니."

당신은 자식을 어떻게 보살피십니까?

모자람 없이 보살펴야

부처님은 부모의 자식에 대한 도리를 이렇게 일러주셨습니다.

첫째, 자식을 사랑해야 한다.
둘째, 뒤를 보살피되 모자람이 없도록 해야 한다.
셋째, 자식에게 빚지지 않도록 해야 한다.
넷째, 때를 맞추어 결혼시켜 주어야 한다.
다섯째, 재물을 물려주어야 한다.

중아함 33권《선생경》

자식을 잘 키우는 법

우리 아버지는 자식들을 '밥상머리'에서 교육시키셨다.

우리가 잘못하면 사람들이 "너희 아비 밥상머리에서 그렇게 배웠느냐"고 흉을 본다고 말씀하셨다.

"젓가락은 이렇게 쥐어야 한다. 여자의 목소리가 담 밖으로 넘어가면 안된다. 외출할 때는 반드시 어른에게 알리고 돌아와서도 알려야 한다."

사소한 것 같지만 눈에 보이는 대로 일러주셨다.

그런 가르침이 몸에 밴 때문일까.

직장에서도 나는 출·퇴근 인사는 물론 취재 나가고 들어올 때도 꼭 데스크에 알렸다.

사무실 분위기는 자연스럽게 그렇게 변해 갔다.

당신은 자식을 어떻게 키우고 있습니까?

거울로 얼굴 비춰보듯이

부처님은 아들 라훌라에게 이렇게 말씀하셨습니다.

라훌라야, 너는 앞으로 이렇게 해야 한다.
사람들이 거울로 얼굴을 비춰보듯이
어떤 일을 하기 전에
반드시 이렇게 자신을 돌아보아야 한다.
즉 '이 일이 깨끗하고 옳은 일인가
남에게 괴로움을 주는 일은 아닌가'를 살펴야 한다.
그리하여 착한 일은 행할 것이며
악한 일은 행하지 말아야 할 것이다.
모든 행동을 이렇게 한다면
너는 언제나 사람들로부터 존경을 받을 것이다.

중아함 3권 《나운경》

자식의 도리

아버지를 업고 금강산에 다녀온 아들이 있다.

이선주 씨의 막내아들 이군익(42) 씨는 의자 모양의 지게를 만들어 그 지게에 아버지를 앉혀 등에 업고 금강산 구경을 시켜 드렸다.

의자 무게만 15㎏. 아들은 온 몸에 피멍이 들었지만 기쁘기 한량없다고 말했다.

요즘도 이군익 씨는 아버지를 지게로 업고 집 근처 공원으로 산책을 나간다.

당신은 부모님을 어떻게 섬기고 있습니까?

모든 것 다 드려도 아까워 말라

부처님은 자식의 도리를 이렇게 일러주셨습니다.

자식은 오사(五事)로서 부모를 대해야 한다.
첫째, 부모의 재물이 불어나게 해야 한다.
둘째, 부모를 대신해 많은 일을 처리해야 한다.
셋째, 하고 싶은 일을 하도록 도와드려야 한다.
넷째, 불손하게 뜻을 어기지 않는다.
다섯째, 모든 것을 다 드려도 아까워하지 말아야 한다.

중아함 33권 《선생경》

부모가 병들었을 때에는,
자식들은 각기 방편을 구하여
다방면으로 치료해서
병고를 빨리 제거하도록 해야 한다.
그리하여 온몸이 경쾌하고 편안하며
체력이 견고해져서 수명이 길어지도록 해 드려야 한다.
왜냐하면 지금의 내 이 몸이 세상에 있는 것은
부모의 생육을 받았기 때문이다.
이런 이유로 부모의 은혜는 지중하다.

《부모출생경》

음식이나 진기한 보물만으로는 부모의 은혜를 갚지 못한다.
부모를 인도하여 바른 가르침(正法)으로 향하게 해야
부모를 잘 섬기는 것이 된다.

《부사의광경》

무릇 사람이 천지의 귀신을 섬긴다 해도
그 부모에 효도함만 못하다.
부모야말로 최고의 신이기 때문이다.

《사십이장경》

선의 최상은 효도보다 큰 것이 없고
악의 최상은 불효보다 큰 것이 없다.

《인욕경》

부모님의 은혜

나는 화요일의 여자다. 편찮으신 어머니를 모시고 있는 나는 외출이 자유롭지 않다. 어머니의 식사, 화장실 가시는 일 등을 도와야 하므로 외출을 하려면 동생이 와서 나하고 교대를 한다. 내 동생이 매주 화요일에 우리 집에 오기 때문에 나는 화요일의 여자가 됐다. 우리 어머니는 목에 마비가 와서 언어장애가 있고 음식 드시기가 힘드시다. 그래서 음식을 곱게 갈은 묽은 미음이라야 드실 수 있다.

주위 사람들이 나보고 '고생한다' 느니 '효녀'라고 말해도 나는 그 말에 동의하지 않는다. 나를 낳아 길러 주시고 평생 내 뒷바라지를 해 주신 어머니의 은혜에 비하면 내가 지금 하는 일은 천만분의 일도 안된다고 생각한다.

좀더 편하게 오래 모시고 싶은 내 발원이 헛되지 않길 바랄 뿐이다.

당신은 늘 부모님의 은혜에 감사하십니까?

효순하되 시기를 놓치지 말라

부처님은 부모님의 은혜에 대해 이렇게 일러주셨습니다.

어떤 사람이 왼쪽 어깨에 아버지를 모시고
오른쪽 어깨에 어머니를 모시고
천년만년 의복과 음식과 평상과 침구와 의약을
풍족하게 공양했다고 하자.
또 그 부모가 어깨 위에서 오줌과 똥을 누더라도
자식은 그 은혜를 다 갚지 못할 것이다.
부모의 은혜는 너무나 지중하다.
우리를 안아주고 길러주고
때때로 보살펴주기를 쉬지 않은 까닭에
우리가 저 해와 달을 보게 된 것이다.
그러므로 부모에게 공양하고 효순하되
그 시기를 놓치지 말라.

중일아함 11권 《선지식품》

≪부모은중경≫은 부모님의 은혜를 열 가지로 설명하고 있습니다.

첫째, 잉태한 후 열 달 동안 지키고 보호해 준 은혜
둘째, 출산을 당하여 고통과 수고를 겪은 은혜
셋째, 출산 후 모든 근심을 잊어버린 은혜
넷째, 쓴 것은 삼키고 단것은 뱉아 먹여 준 은혜
다섯째, 진자리 마른자리를 골라 뉘어 준 은혜
여섯째, 젖을 먹여 길러 준 은혜
일곱째, 더러운 몸과 옷을 깨끗하게 해 준 은혜
여덟째, 먼 길을 떠나면 항상 걱정해 준 은혜
아홉째, 자식을 위해서는 죄짓는 것도 마다않는 은혜
열째, 끝까지 자식을 연민히 여기는 은혜.

《부모은중경》

부처님이 제자들에게 물으셨습니다.

어버이가 자식을 낳는 것은
열 달이나 뱃속에 품어 중병이나 걸린 듯하고,
낳는 날에도 어머니는 위태롭고 아버지는 두려워한다.
낳고 나서는 자식은 마른자리에 옮기고
쓰다듬고 닦고 목욕시키며, 옷 입고 밥 먹는 것을 가르친다.
좀 커지면 자식을 위해 그 스승에게 예물을 보내고
군주에게는 공물을 바친다.
자식의 얼굴이 즐거우면 어버이도 기뻐하고
자식이 근심에 싸이면 어버이의 마음도 애탄다.
외출하면 걱정하고 돌아오면 잘 키우고자 애쓰고
행여 악해질까 두려워한다.
부모의 은혜가 이 같거니, 무엇으로 보답해야 되겠느냐?

《효자경》

처자만 위하는 불효자

부모를 추운 냉방에 가두고 문을 잠근 후 외국 여행을 다녀와 부모를 돌아가시게 한 패륜아가 있었다.

부모를 제주도나 해외에 멀리 버리는 이들도 있고, 자가용에 모시고 나가 내려놓고 돌아오는 이들도 있다.

부모의 은혜를 눈곱만큼도 생각하지 않고 외면하는 이런 사람들이 자기의 처자에게는 유난히 잘한다. 그러나 그의 자식들은 이런 아버지에게서 무엇을 보고 배울까.

당신은 혹시 아내와 자식만 위하고 부모를 돌보지 않는 불효자는 아니십니까?

최상의 처벌 받아야 할 도둑

엄치왕이 니건자(쟈이나교의 교조)에게 물었습니다.

"대사여, 부모를 돌보지 않고 처자만을 위한다든가,
옷과 음식과 약품을 처자에게만 준다든가,
부모가 늙어서 출입할 기력조차 없는 데도 도와주지 않고
처자에게만 붙어 있고,
맛있는 음식을 처자에게만 준다든가,
부모의 재물을 훔쳐 처자와 즐기고,
부모의 좋은 말은 따르지 않고 처자의 말만 믿는다든가,
심지어 처자 때문에 부모를 욕하는 이런 사람은
어떤 부류에 포함시켜야 하겠습니까?"
"대왕이시여, 이런 사람은 도둑놈 속에서도
최상의 처벌을 받아야 할 부류에 포함시켜야 할 것입니다."

《니건자경》

불효의 과보

도둑질을 하거나 사기를 치면 그 대가로 벌을 받는다.

마찬가지로 하늘보다 높고 바다보다 깊은 부모의 은혜를 갚지 않고 불효하면, 빚을 안 갚는 것과 같으니 벌을 받아 마땅하다. 그러니 그 과보가 무서울 것은 불 보듯 뻔하다.

부모님께 효도하자는 운동을 벌이는 인천의 이흥복(53) 씨는 매월 8일을 '누룽지 데이'로 정했다. 2004년 7월 '효도하자 닷컴(www.hyodohaja.com)'이라는 인터넷 사이트를 개설해 캠페인을 하고 있다.

그는 말한다.

"부모에게는 365일이 어린이날인데 자식들은 한 달에 하루만이라도 어버이날을 가져야 하지 않겠습니까?"

누룽지를 긁어주시던 어머니의 따뜻한 사랑을 되새기자는 '누룽지 데이'는 불효 예방의 날이다.

당신은 불효의 과보가 얼마나 무서운지 아십니까?

불효자는 아비지옥에 떨어진다

부처님은 이렇게 일러주셨습니다.

불효자는 죽고 나서 아비지옥에 떨어진다.
《부모은중경》

만약 부모를 해하는 자가 있다면,
그는 무량겁에 걸쳐 재앙을 받아야 한다.
《열반경》

자기는 즐겁고 풍족하게 살면서
늙어 쇠약한 부모는 돌보지 않는 사람이 있다
이것은 파멸의 문이다.
《숫타니파아타》

아내를 사랑하는 법

나의 제부(여동생의 남편)는 지극히 가정적이다.

아내와 자식은 물론 일가친척까지 자상하게 챙기고 배려한다. 젊어서였다. 어느 날 부인이 아파 아침에 못 일어나니 조용히 먼저 일어나 식사준비를 해놓고 출근을 했다고 한다. 부모를 일찍 여읜 제부는 형제들에게도 잘하지만 장인 장모를 지극 정성으로 모신다. 처형인 내게도 예외가 아니다.

어느 해인가 연말에 내 동생 머플러를 사면서 내 것도 함께 사왔다. 내가 핸드폰 쓸 일이 별로 없어 장만하지 않으니 몇 년 전 내 생일에 아주 예쁜 핸드폰을 선물했다.

우리 제부는 부처님께서 일러주신 대로 남편의 도리를 다하는 모범 남편이다.

당신은 아내를 어떻게 사랑하십니까?

아내의 친족에게 소홀하지 말라

부처님은 이렇게 일러주셨습니다.

첫째, 아내를 어여삐 여겨야 한다.
둘째, 업신여기지 말아야 한다.
셋째, 장신구를 해 주어야 한다.
넷째, 집안일을 맡기고 자유롭게 해 주어야 한다.
다섯째, 아내의 친족들에게 소홀하지 말아야 한다.

중아함 33권 《선생경》

남편을 사랑하는 법

어디서 들은 이야기다. 고 김지견 박사 부인은 젊은 날 남편이 일본 동경대학에 유학하던 시절, 한국에서 학비를 벌어 뒷바라지를 했다고 한다.

만날 때마다 "오백 년 만이오"라고 특유의 인사를 하는 김박사가 현대불교신문 편집국장실을 방문했다. 내가 저녁 공양을 모시겠다고 하니 밖에서 부인이 기다리고 있어서 얼른 가야 한다며 일어났다. 알고 보니 부인은 손수 운전을 하면서 김박사를 모시고 다녔다. 젊어서도 노년에도 한결같이 남편을 위해 헌신한 김박사 부인의 부덕(婦德)에 대해 오늘의 젊은 아내들은 뭐라고 말할까.

당신은 남편을 어떻게 사랑하십니까?

칭찬하고 격려해야 한다

부처님은 이렇게 일러주셨습니다.

첫째, 남편을 존중하고 사랑해야 한다.
둘째, 일가친척을 잘 거두어야 한다.
셋째, 공손한 말씨를 써야 한다.
넷째, 남편이 돌아오면 칭찬하고 격려해야 한다.
다섯째, 맛있는 음식과 편안한 잠자리를 준비해야 한다.

중아함 33권 《선생경》

제자의 스승 공경법

고고학자 정영호 박사는 스승 황수영 박사를 지칭할 때면 꼭 '우리 선생님'이라고 말한다. '우리 선생님'이라고 하면 듣는 이들도 황박사를 말하는 것으로 알아듣는다. 그 호칭에는 스승을 공경하는 마음이 가득 담겨 있다.

스승과 제자가 함께 늙어 가는 데도 정박사는 '우리 선생님'이란 호칭을 아주 자랑스럽게 쓰고 있다. 그런데 정박사의 스승 황수영 박사도 그의 스승 고유섭 선생을 말할 때면 역시 '우리 선생님'이라고 한다. '스승 공경'이 황박사에서 정박사에게로 대물림 된 것이다. 정말 보기 좋은 모습이다. 스승의 이름을 예사로 부르고 심하면 별명으로 부르고, 담임 선생님을 '담임' 또는 '담탱이'라고 하는 요즘 학생들에게 이 얘기를 들려주고 싶다.

당신은 스승을 어떻게 공경하고 있습니까?

스승의 명예를 빛내라

부처님은 이렇게 일러주셨습니다.

첫째, 공경하고 순종해야 한다.
둘째, 가르침을 잘 받들고 따라야 한다.
셋째, 일찍 일어나 배움을 청해야 한다.
넷째, 나쁜 짓을 하지 말아야 한다.
다섯째, 스승의 명예를 빛내야 한다.

중아함 33권 《선생경》

스승의 도리

중국의 임제스님이 황벽선사 문하에서 수행할 때다.
어느 날 묵주스님이 임제스님에게 말했다.
"조실스님에게 불법의 적적한 뜻이 무엇인지 물어 보아라."
임제스님이 바로 황벽스님에게 가서 물었다. 그 묻는 소리가 끝나기도 전에 황벽스님은 임제스님을 후려쳤다. 묵주스님이 임제스님에게 다시 말했다.
"한 번 더 가서 물어 보아라." 이렇게 해서 임제스님은 세 번이나 똑같은 질문을 황벽스님에게 물었고 세 번 다 몽둥이로 두들겨 맞고 돌아왔다.
선종에서는 학인을 지도할 때 몽둥이로 때려서 깨달음의 눈을 뜨게 하는 방법이 있다. 유명한 '덕산의 삼십방(棒)'도 그 중의 하나다. 요즘 학교에서 '체벌'이냐, '사랑의 매'이냐가 자주 거론되고 있다. 학생을 병원에 입원할 정도로 때린 선생님은 자신의 매에 진정 사랑이 깃들어 있는지 깊이 생각해 봐야 할 것이다.

당신은 제자를 어떻게 가르치고 있습니까?

아는 것을 다 가르쳐야

부처님은 이렇게 일러주셨습니다.

첫째, 기술을 잘 가르쳐야 한다.
둘째, 빨리 가르쳐야 한다.
셋째, 아는 것을 다 가르쳐야 한다.
넷째, 좋은 곳으로 나가게 해야 한다.
다섯째, 좋은 벗을 사귀도록 가르쳐야 한다.

중아함 33권 《선생경》

우정을 가꾸는 방법

드라마 '사랑과 야망'(김수현 극본)에서 주인공 태준과 홍조는 절친한 친구다. 가난한 집 아들 태준과 부잣집 아들 홍조. 어린 시절, 홍조는 배가 아프다며 도시락을 태준에게 양보한다.

홍조는 늘 자기가 가진 것을 태준과 그의 가족들에게 준다. 그는 소년시절 미자를 짝사랑 했으나 태준과 사랑하는 사이라는 걸 알고 순순히 물러선다. 훗날 태준과 미자는 결혼했다. 부부 사이가 원만치 못하자 정신과 의사인 홍조는 두 사람의 화합을 위해 애쓴다. 이러한 홍조에게 사회적으로 성공한 태준은 말한다.

"항상 나는 너에게 받기만 하는구나. 성공해서 갚아 주겠다고 다짐했는데, 이제는 네가 내 아들까지 돌봐 주다니…. 치욕감을 느낀다. 그러나 우리 두 사람은 완벽하게 포장된 친구 아니냐."

"그래 알아. 언제부턴가 날 좋아하지 않는 부분이 있다는 걸."

늘 태준을 이해하는 홍조는 참 좋은 친구다.

당신은 우정을 어떻게 가꾸고 있습니까?

이해 따지지 말고 서로 의지

부처님은 이렇게 일러주셨습니다.

친한 벗끼리는 오사(五事)로써 서로 대해야 한다.
첫째, 사랑하고 공경해야 한다.
둘째, 업신여기지 않는다.
셋째, 속이지 않는다.
넷째, 선물을 준다.
다섯째, 서로 가엾게 생각해야 한다.

상대방 친한 벗도 마찬가지다.
첫째, 이해관계를 따지지 말아야 한다.
둘째, 벗이 곤궁해지면 도와주어야 한다.
셋째, 게으름을 피우면 충고해 주어야 한다.
넷째, 나쁜 생각을 갖지 말아야 한다.
다섯째, 급할 때는 서로 의지해야 한다.

중아함 33권 《선생경》

좋은 친구를 사귀어야 하는 이유

한 사무실에서 같이 근무하다 보면 전화 받는 음성이 구별하기 힘들 정도로 비슷한 사람들이 있다. 목소리뿐 아니라 말의 억양까지 거의 같다.

어느 한 사람이 어느 사람한테 물들어 동화되었기 때문이다.

부부도 오래 같이 살다 보면 닮은꼴이 된다고 한다. 친구도 그렇다. 서로 좋아하고 뜻이 통하다 보면 서로 물들어 영향을 준다. 그러니 좋은 영향을 주고받아야지 나쁜 물이 들어서야 되겠는가.

당신에게는 닮고 싶을 만큼 좋은 친구가 있습니까?

바른 행동은 좋은 벗 따라다녀

부처님은 친구에 대해 묻는 아난다에게 이렇게 일러주셨습니다.

너에게 좋은 친구가 있고
그 친구와 함께 있게 되면
수행의 절반을 이룩한 것이 아니라
전부를 이룩한 것이나 다름없다고 생각해야 한다.
왜냐하면 순수하고 원만하고 깨끗하고 바른 행동은
언제나 좋은 벗을 따라다니지만
나쁜 벗은 그 반대이기 때문이다.
그러므로 너희들은
언제나 좋은 벗과 사귀고
좋은 벗과 함께 있어야 한다.

잡아함 27권 《선지식경》

좋은 친구와 나쁜 친구 구별법

어느 날 내가 근무하는 사무실에 손님이 한 분 찾아왔다.

K씨의 친구였다. 두 사람은 차를 마시며, 웃음과 대화를 한참 나누었다. 손님이 자리를 뜨자마자 K씨는 말했다.

"저 친구는 무슨 일이 있어야만 찾아오지 한번도 그냥 오는 일이 없어. 그리고 자장면 한 그릇을 먼저 사는 일이 없다니까."

그 손님 뒤통수가 근지러웠을 것이다. 그 뒤로 나는 그 손님만 보면 자장면이 떠올랐다. 그리고는 내 앞에서 반가운 듯 대하고 돌아서서 내 흉을 보는 사람은 없을까 생각해 봤다.

당신은 좋은 친구와 나쁜 친구를 구별할 수 있습니까?

한 몸같이 생각하면 좋은 친구

부처님은 이렇게 일러주셨습니다.

마음으로는 싫어하면서 입으로는 좋다고 말하는 사람
일을 같이 하면서도 하는 일마다 속으로는 어긋나는 사람
이런 사람은 착한 척 겉모양만 꾸미니 좋은 친구가 아니다.
두 몸을 한 몸같이 생각하는 좋은 친구는
어떤 일을 할 때 방해하거나 의심을 품지 않으며
허물이나 꼬투리를 잡으려 하지 않는다.
착한 친구를 의지하는 편안함은
자식이 아비의 품에 안긴 듯하여
아무도 그 사이를 뗄 수 없다.

잡아함 35권 《상주경》

좋은 벗의 조건

'우정을 가꾸는 방법'에서 이야기 한 드라마 '사랑과 야망'의 홍조는 아주 좋은 친구다.

태준에게 자기를 싫어하는 부분이 있다는 것을 알면서도 내색 없이 이해하고 자기의 도리를 다하면서 신의를 지키는 홍조. 그는 '선우칠사(善友七事)'의 조건을 갖춘 좋은 벗이다.

법정스님은 이런 말씀을 했다.

"좋은 친구를 만나려면 내가 먼저 좋은 친구감이 되어야 한다. 좋은 친구는 나의 부름에 대한 응답이다."

당신은 좋은 벗이 되기 위해 어떤 노력을 하십니까?

보름으로 향하는 달 같은 사람

부처님은 이렇게 일러주셨습니다.

선지식(善知識 · 善友)은 마치 보름으로 향하는
달과 같은 사람이다.
보름으로 향하는 달은 처음 생길 때
산뜻하고 밝고 깨끗하며 날로 그 모양을 키워 간다.
그리하여 보름이 되면
그 모습이 둥글고 풍만해지며 밝은 빛을 발한다.
선지식 또한 그와 같다.
선지식을 가까이하면
간탐의 그늘이 사라져 허공의 모든 별이 빛나듯이
지혜의 광명이 빛나게 될 것이다.

중아함 36권 《하고경》

부처님은 '선우칠사(善友七事)'라 하여 7가지 조건을 갖춘 사람을 좋은 벗이라 하셨습니다.

첫째, 주기 어려운 것을 주고
둘째, 하기 어려운 것을 하고
셋째, 참기 어려운 것을 참으며
넷째, 비밀한 일을 서로 말하며
다섯째, 잘못을 서로 덮어 주며
여섯째, 괴로운 일을 만났을 때 버리지 않고
일곱째, 비천할 때 가벼이 여기지 않는다.

《사분율》권41

나쁜 벗과 사귀지 말라
저속한 무리들과도 어울리지 말라
착한 벗과 기꺼이 사귀고
어진 이를 가까이 섬겨라.

《법구경》현철품

선지식을 가까이 하면

　선지식은 선우 즉 '좋은 벗'을 뜻한다. 외호해 주고, 동행해 주고, 가르쳐 주는 벗을 삼선지식이라고 한다. 요즘은 선지식을 훌륭한 스승의 의미로도 사용한다.
　내 곁에는 스님들을 비롯해서 어르신, 선배와 후배, 동기 등 선지식들이 많이 있다. 그분들은 모두 자기 자리에서 열심히 일하고 사회에 덕행의 향기를 풍기고 있다.
　그 향기가 알게 모르게 내게 스며든다. 그분들이 있어 내 삶은 풍요롭다.
　"나의 선지식 여러분, 감사합니다."

　당신은 가까이 지내는 선지식이 있습니까?

미묘한 향기와 덕에 감화

부처님께서 난타와 함께 향을 파는 가게에 가셨습니다.

"난타야, 저 향이 든 주머니를 집어서 한 시간만 그 향을 잡고 있다가 도로 놓아라."
난타는 부처님께서 말씀하신 대로 했다.
"이제 네 손을 맡아 보아라. 어떤 냄새가 나느냐?"
"세존이시여, 손의 향기가 끝없이 미묘하옵니다."
"정녕 그럴 것이다. 사람이 모든 선지식을 가까이하여 항상 따르는 경우에도 그 덕에 감화되어 반드시 뛰어난 명예를 얻게 될 것이다."

《불본행경》

비슷한 사람끼리 어울리는 까닭

내 동생은 동기간처럼 지내는 친구들이 있다.

지영 엄마는 30년 가까이 된 친구다. 이웃에 살면서 남편들도 형님 아우하고, 아이들도 형제 같다. 음식을 나누는 것은 물론이고 집 열쇠도 서로 맡겨 놓고 다닌다. 어른들이 먼길 떠나면 아이들을 서로 돌봐 줬다. 두 집 친정어머니를 함께 모시고 여행도 갔다. 집안 대소사도 함께 치른다. 그 영향이 우리 집에까지 미쳐 지영 엄마는 우리 어머니와 나까지 챙긴다. 고맙기 그지없다.

이웃에 살다 동생네가 이사를 가니까 지영이네도 따라갔다. 다시 지영이네가 이사를 가니까 동생네도 따라갔다. 두 집 이야기는 해도 해도 끝이 없다.

진호 어머니는 바쁜 중에도 편찮으신 우리 어머니와 나를 위해 음식을 장만해서 1년에 몇 번씩 찾아 준다. 은호 어머니도 명절이면 우리 어머니께 인사를 온다. 감사 또 감사한다.

사람은 유유상종(類類相從) 한다. 즉 끼리끼리 만나고 끼리끼리 논다.

당신은 친구를 통해 자신을 볼 수 있습니까?

소젖은 소젖과 어울려 화합

부처님은 이렇게 일러주셨습니다.

세상에는 서로 친하게 지내는 사람들이 있다.
살생하지 않고 훔치지 않으며 음행하지 않는 사람은
같은 부류와 어울리기를 좋아한다.
거짓말, 이간질, 나쁜 말, 꾸미는 말을 좋아하지 않는 사람은
같은 부류의 사람과 친하게 지낸다.
욕심과 성냄과 삿된 소견을 갖지 않은 사람은
비슷한 사람들끼리 어울린다.
비유하면 소젖은 소젖과 어울려 서로 화합하는 것과 같다.

잡아함 37권 《수류경》

윗사람을 섬기는 공덕

현명한 어른(長老)을 공경하고 잘 섬기면 자기도 모르게 그 어른들을 본받게 된다.

자연스럽게 물들어 지혜로워질 수 있으니 그것이 공덕이 아니고 무엇이겠는가. 우리가 불·보살의 명호를 부르며 섬기는 것도 그 가르침을 배워 물들기 위해서지 단순히 복을 빌기 위한 것이 아니다.

당신은 윗사람을 잘 섬기십니까?

남을 공경하면 복이 자란다

부처님은 이렇게 일러주셨습니다.

항상 남을 공경하고
윗사람을 섬기는 사람에게는
수명과 아름다움과 안락과 건강
이 네 가지 복이 더욱 자란다.

《법구경》 술천품

장로가 되려면

"당신 몇 살이야?"

"내가 나이가 몇인데 자식 같은 당신한테 그런 말을 들어야 해."

얼굴을 붉히고 입씨름을 하는 곳에서 흔히 듣는 말이다. 나이 많은 사람이 아랫사람에게 은근히 자기를 대우하라고 압박하는 말이다.

이어 이런 대답이 나온다.

"나이만 많으면 어른인가. 어른 대접을 받으려면 나이 값을 해야지."

그렇다. 나이가 많다고 대우를 받으려면 나이에 걸맞게 대우 받을 만한 언행이 따라야 한다.

당신은 어르신 대접을 받고 싶습니까?

머리카락이 희다고 장로인가

부처님은 이렇게 일러주셨습니다.

머리카락이 희다고 해서
장로(長老)가 되는 것은 아니다
단지 나이만을 먹었다면
그는 부질없이 늙어버린 속 빈 늙은이.

진실과 진리와
불살생과 절제와 자제로써
더러운 때를 벗어버린 사람을
진정한 장로라 한다.

《법구경》 주법품

사람을 평가하는 기준

'뚝배기보다 장맛' 이라는 속담이 있다.

뚝배기는 투박하고 못생겼다. 그러나 그 안의 된장 맛이 생각보다 훨씬 좋아 겉보다 속이 실속 있을 때 쓰는 말이다. 선물세트의 경우 포장은 근사한 데 뜯어 보면 내용물이 겉만 못할 때가 있다. 사람도 마찬가지다.

겉만 번드르하고 속이 빈 사람이 있는가 하면, 겉은 뚝배기 같지만 성실하고 겸손하고 실력 있어 속뜰이 잘 가꾸어진 사람이 있다.

언제부터인가 우리 사회에 외모지상주의가 팽배하고 있다. 사람을 평가할 때 외모만 보고 속단해서는 안되겠다.

당신은 외모를 보고 사람을 평가하십니까?

지혜가 없다면 어디다 쓰랴

부처님은 이렇게 일러주셨습니다.

몸이 크고 얼굴이 잘생겼다 하더라도
지혜가 없다면 어디다 쓰랴.
외모만 보고 사람을 업신여기거나
함부로 평가하지 말라.

잡아함 38권《추루경》

겉모습에 속지 말라

흰깨가 검은깨로 둔갑했다는 보도가 있었다. 검은깨가 건강에 좋다니까 악덕 상인들이 '타르'라는 유해색소를 물들여 비싸게 팔았다는 것이다.

가짜 검은깨가 진짜 검은깨의 효과를 낼 수 없듯, 뇌물 먹는 정치인, 악덕 상인, 사이비 종교인, 여대생들을 울린 가짜 법대생 등은 아무리 겉모습을 그럴듯하게 꾸며도 본색을 바꿀 수는 없다.

흰깨이면서 유해색소를 바르고 검은깨인 척하는 사람에게 속지 말자.

당신은 겉과 속이 다른 사람에게 속은 일이 있습니까?

순금으로 도금한 놋쇠

부처님은 파세나디왕에게 이렇게 일러주셨습니다.

나타난 형상과 겉모양으로만
그 사람의 선악을 말하지 마시오.
또 잠깐 동안 사귀어 보고서
마음과 뜻을 같이하지 마시오.
원래 겉모습에는 속이 잘 드러나지 않나니
그것은 마치 놋쇠를 순금으로 도금한 것과 같기 때문이오.

잡아함 42권 《형상경》

선의 최상은
효도보다 큰 것이 없고
악의 최상은
불효보다 큰 것이 없다.

≪인욕경≫

4장

기운 쪽으로 넘어지는 나무처럼

당신도 언젠가는 죽는다

살아 있는 모든 것은 다 죽는다.

이 이치를 모르는 사람은 없다. 알면서도 부모나 자식 또는 자기가 늙고 병들어 죽음에 임박하기 전에는 죽음을 남의 일처럼 멀리 놓게 된다. 죽을 날이 언제인지 모르기 때문에 그럴 것이다.

만약 죽을 날을 미리 정해 놓고 산다면 생활을 제대로 못할 수도 있다. 그렇다고 죽음을 나의 일이 아닌 듯 외면한다면 대책 없이 홍수를 만나 허둥지둥하듯, 어느 날 예고 없이 죽음이 찾아왔을 때도 그렇게 가야 할 것이다.

큰스님들이 입적에 앞서 길 떠나듯 "나 오늘 갈란다"고 말씀하는 그 경지를 예사롭게 볼 일이 아니다.

혼자 떠나는 죽음의 길, 때때로 생각하고 공부하며 대비해야 하지 않을까.

당신은 죽음을 남의 일처럼 생각하십니까?

항상 하다고 믿는 모든 것 덧없으니

부처님은 어머니의 장례를 치루고 찾아온 파세나디왕에게 이렇게 말씀하셨습니다.

왕이여, 일체 중생은 다 죽음으로 돌아가오.
아무리 애를 써도 그렇게 되지 않을 수 없소.
죽음은 교묘한 말이나 주술이나 약이나 부적으로
막을 수 있는 것이 아니요.
늙음은 청춘을 부수어 아름다움을 없애고
병은 건강을 부수고
죽음은 목숨을 부수고
항상 하다고 믿는 모든 것은
덧없음으로 돌아가는 것이오.
대왕도 여기에서 벗어날 수 없소.
그러나 이런 것을 미리 알고
몸과 마음을 다스려 법을 깨닫게 되면
죽은 뒤에 천상에 태어나고
그렇지 않으면 지옥에 떨어질 것이오.

증일아함 18권 《사의단품》

늙음과 죽음이 밀려올 때

 흰머리를 감추려고 염색을 하고 성형으로 주름을 펴도 밀려오는 늙음과 죽음을 막을 길은 없다.
 대책이라면 부처님 말씀대로 평소에 몸과 마음을 다스려 법을 깨닫고 그 법에 따라 행하고 선업공덕을 쌓는 길밖에 없다.
 "내일 지구의 종말이 오더라도 나는 오늘 한 그루의 사과나무를 심겠다"는 말처럼 묵묵히 자기 일에 충실하는 것이 최선일 것이다.

 당신은 늙음과 죽음이 밀려오면 어떻게 하시겠습니까?

오직 법에 따라 행하고 공덕 쌓아야

부처님은 파세나디왕에게 이렇게 일러주셨습니다.

지금 대왕에게는
사방에서 돌산이 무너져 내리듯
늙음과 죽음이 닥쳐오고 있습니다.
대왕께서 지금 할 일은
오직 법(부처님 가르침)에 따라 행하고
선업을 지어 공덕을 쌓는 것 뿐입니다.

잡아함 42권 《석산경》

삶과 죽음이 둘 아닌 소식

어느 날 갑자기 전화를 받거나 신문지상을 통해 가까운 이웃이 세상을 떠났다는 소식을 접하면 남의 일 같지 않다.

죽음을 피부로 느끼게 된다. 아직 더 살아야 할 나이에 생을 마감했을 경우 더욱 안타깝다. 내게도 언제 그런 일이 닥쳐올지 모르니 늘어놓고 사는 내 살림살이를 정리 정돈해야겠다는 다짐도 한다. 나는 그런 다짐을 꽤 여러 번 했다. 그러나 며칠 지나면 다시 일상으로 돌아온다.

불교에서는 '생사불이(生死不二)'라고 한다. 삶과 죽음이 둘이 아니라는 것이다. 우리가 잘 살기를 발원한다면 잘 죽는 발원도 해야 한다. 그 발원은 둘이 아니다. 선업공덕을 쌓으면서 잘 살면 그것이 잘 죽는 길이다. 죽음도 삶의 일부이니까.

당신은 지금 선업공덕을 쌓고 있습니까?

업대로 생사 윤회한다

부처님은 파세나디왕에게 이렇게 일러주셨습니다.

한번 태어난 것은
설사 온 천하를 차지한 전륜성왕이라도
죽지 않을 수 없습니다.
설사 번뇌가 다하고 모든 속박에서 벗어난 아라한이라도
열 가지 힘을 갖춘 부처라도
마침내는 몸을 버리고 열반에 드는 것입니다.
그러므로 모든 중생은 목숨이 붙어 있을 때
선행을 쌓으면 천상에 오르게 되고
악업을 지으면 나쁜 곳에 떨어지게 됩니다.
그러나 도를 닦아 번뇌가 다하면
윤회가 없는 열반에 듭니다.
여래와 성문 제자들이 그러합니다.

잡아함 46권 《모경》

죽음과 가까워지는 법

수필가 맹난자 선생(에세이 문학 발행인)은 일찍이 죽음을 만났다. 어린 시절 두 동생을 잃었고 20대에 어머니를 여의었다.

죽음은 그의 화두였다.

그는 문학작품에 나타난 죽음과 작가들의 죽음을 탐색했다. 그 결과 저서 《남산이 북산을 보고 웃네》·《삶을 원하거든 죽음을 기억하라》를 통해 세계적인 작가, 예술가, 사상가들의 죽음을 조명했다.

이어 그는 작가들의 묘비를 찾아 세계 각국을 돌아본 후 묘지기행 《인생은 아름다워라》를 펴냈다.

이제 그는 말한다.

"죽음을 탐구하러 나가 만난 것은 삶이었다. 살아 있는 것만으로도 족하지 않은가."

맹선생은 매사를 흐르는 물 보듯 한다. 늙음과 죽음을 바라보는 시선도 그렇다.

당신은 죽음을 어떻게 준비하고 있습니까?

젊어서 수행하여 도를 얻어라

부처님은 이렇게 일러주셨습니다.

이 몸은 늙어서 시들고
터지기 쉬운 질병의 주머니
썩은 육신은 마디마디 흩어지고
삶은 반드시 죽음으로 끝난다.

뼈로써 성곽을 이루고
살과 피로 포장이 되었다
그 안에 늙음과 죽음
오만과 거짓이 도사리고 있다.

《법구경》 노모품

보라, 이 꾸며 놓은 몸뚱이를
육신은 합성된 상처덩어리
병치레 끊일 새 없고 욕망에 타오르고
견고하지도 영원하지도 못한 꺼풀.

《법구경》 노모품

소치는 목동이 채찍을 들고
소를 몰아 목장으로 데리고 가듯
늙음과 죽음은 쉬지 않고
우리들의 목숨을 몰고 간다.

《법구경》 도장품

젊었을 때 수행하지 않고
재보(財寶·道)를 얻어 놓지 못한 사람은
고기 없는 못가의 늙은 백로처럼
쓸쓸히 죽어 갈 것이다.

젊었을 때 수행하지 않고
재보를 얻어 놓지 못한 사람은
부러진 활처럼 쓰러져 누워
부질없이 지난날을 탄식하리라.

《법구경》노모품

살면서 꼭 공부해야 할 것

시인 정휴스님이 쓴 소설 《열반재》와 고승들의 열반송을 해설한 《적멸의 즐거움》은 스님이 산문에 들어와 깨친 죽음의 소식을 전하고 있다.

특히 《적멸의 즐거움》은 고승들의 수행 결정체인 열반송을 통해 생과 사 그리고 삶의 의미를 사색하게 한다. 그런 사색을 하다 보면 부처님이 말씀하신 죽음을 공부하는 네 부류 중 첫 번째로 지혜로운 사람이 될 것 같다.

천문학 박사 이시우 교수는 그의 시집 《똥막대기》에서 이런 말을 했다.

생기면 사라지는 것이 당연함을
알기까지 이렇게 긴 시간이 걸렸네.

당신은 죽음에 대해 언제 가장 진지하게 생각하십니까?

공부할 때를 알아채는 네 부류

부처님은 이렇게 일러주셨습니다.

바른 법을 공부하는 사람 가운데
첫 번째로 지혜로운 사람은
누가 병들어 고통 받다가 죽었다는 말만 듣고도
생사를 두려워하여 열심히 공부한다.
두 번째로 지혜로운 사람은
상여가 나가는 것만 보아도 열심히 공부한다.
세 번째로 지혜로운 사람은
친족이나 아는 사람이 병들어 죽는 것을
직접 보아야 열심히 공부한다.
네 번째로 지혜로운 사람은
자신이 병들어 고통 받다가
죽을 때가 돼서야 공부하기 시작한다.

잡아함 33권 《편영경》

사후가 불안하면

부처님은 중아함《수법경》에서 이렇게 일러주셨다.
"어떤 사람이 현재도 즐겁고 미래도 즐거운 과보를 받는가? 올바른 수행을 통해 탐욕과 분노와 어리석음을 소멸시키고 괴로움과 걱정과 슬픔이 없어져 마음이 편안한 사람이 있다. 그는 악업을 짓지 않으므로 미래도 즐겁다. 이런 사람은 현재도 즐겁고 미래도 즐겁다."

인과응보의 법칙을 알아 탐진치 삼독을 끊고 선업을 지어 공덕을 쌓으면 죽은 후에 악도에 떨어질까 염려할 필요가 없다.

콩 심은 데 콩 나고 팥 심은 데 팥 나는 법이다.

당신은 죽은 후에 악도에 떨어지지 않을까 염려하십니까?

기운 쪽으로 넘어지는 나무처럼

부처님은 미래를 걱정하는 이에게 이렇게 일러주셨습니다.

"저기 언덕에 한쪽으로 기울어진 큰 나무가 한 그루 있다고 하자. 누가 그 나무의 밑동을 베면 나무는 어디로 넘어지겠는가?"
"기운 쪽으로 넘어지겠지요."
"너도 그와 같을 것이다. 너는 오랫동안 바른 믿음의 햇살을 쪼이었고, 계율을 지키고 보시를 행하고 많은 법문을 듣고 지혜의 햇살을 쪼이었으므로 미래에도 반드시 좋은 곳에 나게 될 것이다."

잡아함 33권《자공경》

주변의 천사를 보아라

'내 집 며느리 잘되라고 나무랐더니 이웃집 며느리 잘된다'는 말이 있다. 주변을 거울삼아 자신을 돌아보면 이웃 모두가 우리의 스승이며 천사일 수 있다.

당신은 주변 사람을 거울삼아 자신을 돌아보고 선행을 하십니까?

다섯 천사의 비유

부처님은 이렇게 일러주셨습니다.

중생이 악도에 떨어지기 전에 지옥을 다스리는 염라왕은 다섯 천사를 보내 그를 꾸짖고 가르친다. 지혜로운 사람은 이를 보고 악행을 멈추고 선행을 하면 지옥에 떨어지지 않을 것이다.
첫 번째 천사는 부모다.
두 번째 천사는 노인이다.
세 번째 천사는 병자이다.
네 번째 천사는 죽은 사람이다.
다섯 번째 천사는 감옥의 죄수다.
똥오줌 가운데서 안아 일으켜 깨끗하게 해 준 부모를 보고, 나이가 들어 목숨이 끊어지려는 고통 받는 노인을 보고, 위독한 병자를 보고, 죽은 사람의 시신을 보고, 형벌을 받는 죄수를 보고도 착한 일을 하지 않고 게으름을 피우고 악행을 저질렀다면 마땅히 갚음을 받을 것이다.

중아함 12권 《천사경》

하루를 살아도 잘 사는 법

　오래 살고 싶지 않은 사람이 어디 있겠는가.
　100세를 산다 해도 많이 살았다고 만족해 하며 죽어갈 사람이 몇이나 될까?
　이 같은 범부의 삶은 지혜롭고 마음이 고요한 성자가 하루를 사는 것만 못하다는 것이 부처님의 가르침이다. 그러니 오래 살려고 욕심 부릴 것이 아니라 부지런히 정진하여 하루를 살아도 제대로 사는 것이 잘 사는 것이다.

　당신은 범부로 백 년을 살고 싶습니까?

백 년을 살아도 행실이 나쁘면

부처님은 이렇게 일러주셨습니다.

비록 백 년을 살지라도
행실이 나쁘고 마음이 어지럽다면
마음의 고요를 지니고 덕행을 쌓으면서
하루를 사는 것만 못하다.

비록 백 년을 살지라도
어리석어 마음이 흐트러져 있다면
지혜롭고 마음의 고요를 지닌 사람이
단 하루를 사는 것에 미치지 못한다.

《법구경》술천품

세상에서 가장 밝은 것

무엇이 '나'이고 무엇이 '나의 것'인가.

10대의 나와 20대의 나, 그리고 30대와 60대의 나를 비교해 보면 똑같지 않다. 여자의 경우 딸도 되고 아내도 되고 어머니도 되고 며느리도 된다. 그럼 언제의 '나'가 정말 '나'인가. '나의 것'도 마찬가지다. 어제의 내 돈이 오늘은 남의 것이 되고, 물난리가 집을 쓸어내고 마을을 쓸어내면 내 집도 변하고 마을도 달라진다.

고정불변하는 것은 아무것도 없다. 삶은 흐르는 물과 같다.

그런데도 우리는 몸뚱이를 애지중지하고, 소유물을 아까워하고 나누는 데 인색하다.

아끼지 말자는 것이 아니다. 집착하지 말자는 것이다. 잡초 뿌리보다 질긴 집착이 괴로움의 원인이라고 부처님께서는 거듭거듭 일러주셨다.

당신은 '나'와 '나의 것'에 집착하십니까?

권력도 재물도 나도 다 사라진다.

부처님은 이렇게 일러주셨습니다.

파세나디왕도 무상의 법칙에서 벗어나지 못한다. 파세나디왕의 권력이나 재물도, 파세나디왕 자신도 끝내는 다 사라진다. 이른바 변하지 않는 나(我)란 없는 것이며, 나의 것(我所有), 나의 본체(我體)라는 것도 없는 것이다. 이것을 증득하는 것을 도(道)라고 하나니 그것만이 제일로 깨끗하고 밝은 것이니라.

중아함 59권《제일득경》

수행자여, 그대들이 수행하는 것은 '나(我)'에 대한 집착을 버리기 위해서다. 나에 대한 집착은 스스로 자랑하고 뽐내고 교만하고 방일해진다. 이것을 떨쳐 버려야 미워하지 않으며 근심하지 않으며 열반에 들게 된다.

중아함 42권《분별육계경》

지금 이 순간을 놓치지 말라

부처님께서 삼밋디 비구에게 읊어 주신 게송에 대해 존자 카트야나는 이렇게 설명했다.

"이 게송은 삼세에 집착하지 말라는 가르침이다. 과거는 이미 지나간 것이므로 탐착하지 말라는 것이다. 미래는 아직 오지 않은 것이므로 즐거움이나 괴로움에 빠질 필요가 없다. 현재의 일도 변하지 않는 것이 없으니 또한 탐착할 이유가 없다. 이렇게 하면 집착을 여의게 되고 모든 두려움에서 벗어나게 된다는 뜻이다."

숭산스님은 이렇게 가르쳤다.

"걸을 때는 걷기에만 집중해라. 오직 할 뿐이다."

법정스님은 어느 비구스님의 물음에 이렇게 답했다.

"이 순간을 놓치지 말라. '나는 지금 이렇게 살고 있다'고 순간순간 자각하라. 이 순간을 헛되이 보내지 말라. 이런 순간들이 쌓여 한 생애를 이룬다."

당신은 지나간 과거와 오지 않은 미래, 변해 가는 현재에 탐착하고 있습니까?

삼세에 집착하지 말라

부처님은 삼밋디 비구에게 이렇게 일러주셨습니다.

부디 과거를 생각하지 말고
또한 미래를 바라지도 말라.
과거의 일은 이미 지나갔고
미래의 일은 아직 오지 않았다.

현재의 모든 일에 대해서도
항상 올바르게 생각해야 하나니
참으로 슬기로운 사람이라면
불변하는 것은 없다고 아느니라.

이렇게 성인의 행을 행하는 사람은
죽음에 관한 두려움이 없다.
그는 결코 근심이 없을 것이니
고통과 재앙은 여기서 끝나리라.

중아함 43권 《온천림천경》

남을 헐뜯고 모욕하면

경전에 의하면 부처님은 질투하는 외도들에게 욕설을 듣고 모욕을 당하셨다.

어느 날 아침 탁발이 끝나 갈 무렵 욕쟁이가 부처님을 따라다니며 욕설을 퍼부었다. 부처님이 아무런 대꾸도 하지 않자 약이 오른 욕쟁이는 흙을 한주먹 쥐고 부처님을 향해 던졌다. 그때 마침 맞은편에서 바람이 불어와 그는 자기가 뿌린 흙먼지를 고스란히 뒤집어썼다.

남을 해치는 행위는 자신에 대한 가해다. 남을 해치려면 그만큼 자기도 분노하거나 화를 내게 되기 때문이다. 더구나 순수하고 청정한 사람을 모함할 경우 남들의 비웃음과 함께 그 허물은 자기에게 돌아간다.

당신은 남을 헐뜯고 모욕한 일이 있습니까?

바람을 거슬러 뿌린 흙먼지

부처님은 흙먼지를 뒤집어 쓴 욕쟁이에게 이렇게 일러주셨습니다.

아무에게나 마음대로
욕하거나 모욕을 주어서는 안된다.
너를 화 나게 하거나 원한이 있는 사람에게도
그렇게 하면 안된다.
몸과 마음이 청정해서 때가 없는 사람에게
나쁜 말을 하면 허물은 도리어 자기에게 돌아가게 된다.
마치 바람을 거슬러 흙을 뿌리면
그 흙이 되돌아와 자신을 더럽히는 것과 같다.

잡아함 42권 《건매경》

순진한 사람을 속이고
깨끗해 때 묻지 않은 이를 해친다면
악은 도리어 어리석은 자에게 돌아간다
마치 바람을 향해 던진 흙먼지처럼.

《법구경》악행품

남을 헐뜯지 말고 해치지 말며
계율을 지키고 음식을 절제하며
홀로 한가히 앉아 사색에 전념하라
이것이 깨달은 이의 가르침이다.

《법구경》 불타품

폭력과 폭언 뒤에 오는 것

'법은 멀고 주먹은 가깝다.' 한때 유행했던 이 말은 우리 사회에 폭력이 얼마나 난무했는가를 짐작케 한다.

요즘은 학교폭력이 심각한 문제로 부각되고 있다. 폭력은 사람을 황폐하게 만든다. 특히 민감한 시절인 청소년기에는 더욱 그럴 것이다.

누구나 두려워하는 폭력.

부처님 가르침이 아니더라도 폭력은 절대 금물이다.

폭언도 폭력과 다르지 않다.

거친 말로 남의 마음을 다치게 하는 것은 언어폭력이다. 폭언은 입으로 범하는 네 가지 악업 중 악구에 해당한다. 악업의 열매가 익으면 그 과보를 받는다는 것을 잊지 말자.

'가는 말이 고와야 오는 말이 곱다.' 귀에 젖은 속담이지만 부처님께서도 일러주신 명언 중의 명언이다.

당신은 폭력과 폭언으로 남을 해친 일이 있습니까?

노기 서린 말은 고통이 된다

부처님은 이렇게 일러주셨습니다.

모든 생명은 안락을 바라는데
폭력으로 이들을 해치는 자는
자신의 안락을 구할지라도
뒷세상의 안락을 얻지 못한다.

거친 말을 하지 말라
가는 말이 고와야 오는 말이 곱지
노기 서린 말은 고통이 된다
그 보복이 네 몸에 돌아온다.

《법구경》도장품

헛소문에 대처하는 법

내가 현대불교신문사를 퇴사했을 때다. 이상한 소문이 나돌았다. 내가 회사에서 쫓겨났다는 것이다. 이 사람 저 사람이 내게 조심스럽게 묻거나 "얼마나 화가 나느냐"고 위로할 때면 정말 어이없었다.

그 당시 나는 1년 전부터 퇴사를 준비했었다. 회사에 내 뜻을 전하고도 9개월 만에야 나는 결단을 내렸다. 6개월 쉬고 나니 회사는 내게 출근을 권했다. 그러나 내 건강은 일을 허락치 않았고, 이어 어머니 간병을 해야만 했다. 사실무근의 소문은 나를 괴롭혔다. 내 위장은 그 스트레스를 못 견뎌 했다.

살아오면서 가끔씩 헛소문이 나를 힘들게 한 일이 있다.

어느 때는 따져 묻기도 하고 어느 때는 체면과 예의를 지키느라 그냥 넘기기도 했다. 지금 생각하면 무척 어리석었다. 남의 장단에 춤을 추었으니.

화를 내고 속을 끓이면 나만 다친다는 사실을 왜 몰랐던가.

당신은 헛소문에 어떻게 대응합니까?

원망보다 불쌍히 여겨라

부처님은 이렇게 일러주셨습니다.

만약 강도가
그대를 묶고 해를 입히려고 할 때
강도에게 욕하고 반항하면 어떻게 되겠는가.
강도는 더욱 그대를 괴롭힐 것이다.
마찬가지로 누가 사실이 아닌 것을
사실이라고 말하더라도
나쁜 마음을 일으키지 말라.
원망하기보다는
불쌍한 마음을 일으키라.

잡아함 18권 《거죄경》

진실을 말해도 화를 내면

나는 사람들에게 조언을 잘하는 편이다.

어느 선배와 대화 중에 나는 진실로 그 선배를 위해서 말을 했는데 듣는 쪽에서 화를 냈다. 내가 자기의 자존심을 건드렸다는 것이다. 시간이 지나고 불편한 마음이 가라앉은 후 나는 내 잘못임을 인정했다. 내가 아랫사람이니만큼 선배 대접을 하면서 말을 해야 했는데 미처 그 생각을 못했다.

그 후 나는 누구에게 조언을 할 때면 행여 우월감이 담겨 있지 않은지 조심한다. 요즘은 조언도 줄이려고 한다. 나만 못한 사람이 어디 있나 싶어서다.

가끔은 말을 섞고 싶지 않은 사람도 있다. 어떤 사람인가 하면 부처님께서 함께하지 않는 것이 좋다고 일러주신 그런 사람이다.

당신은 진실한 말을 해도 화를 내는 사람에게 어떻게 하십니까?

진실을 깨닫게 하라

부처님은 이렇게 일러주셨습니다.

그에게 그것이 사실이며
자비로운 마음에서 말한 것임을
깨닫도록 해야 한다.
그러나 만일 그가 아첨을 좋아하고
거짓되며
속이고 믿지 않으며
안팎으로 부끄러움을 모르며
게으르고 계율을 존중하지 않으며
열반을 구하지 않고
먹고 사는 일에만 관심이 많다면
그와는 함께하지 않는 것이 좋으리라.

잡아함 18권 《거죄경》

당당한 행동을 하라

'이래도 한 세상 저래도 한 세상, 어차피 죽을 몸 적당히 살자.'

이렇게 생각하며 사는 사람들도 있다. 그 '적당히'가 삶을 불성실하게 한다. 부처님께서 말씀하신 '당당한 행동'이란 행할 만한 가치가 있는 행동을 뜻한다.

쉽지 않더라도 도리대로 행동하면 이 세상에서도 저세상에서도 즐거울 수 있다.

당신은 도리대로 행동하십니까?

그릇된 견해에 따르지 말라

부처님은 이렇게 일러주셨습니다.

비열한 짓을 하지 말라
게으름을 피우며 건드렁거리지 말라
그릇된 견해에 따르지 말라
세속의 근심거리를 만들지 말라.

당당한 행동을 하라
나쁜 행실을 하지 말라
도리대로 행동하는 사람은
이 세상과 저세상에서 편히 잠든다.

《법구경》세속품

이성에 대한 욕망을 잠재우는 법

이성에 대한 욕망은 본능이다.

사람들이 그 본능적 욕구를 그대로 충족시키려 한다면 사회의 윤리 도덕 그리고 질서는 어떻게 될까.

만약 식욕이 동한다고 식욕대로 먹으면 소화기에 장애가 생기는 등 건강에 해로울 것이다.

본능에는 절제가 필요하다.

욕망에 끌려다녀서야 되겠는가. 도덕적인 교육과 훈련이 필요하다. 인간의 의지로 못할 일은 없다.

당신은 이성에 대한 욕망을 어떻게 단속하십니까?

감각기관의 문을 굳게 단속

부처님은 이렇게 일러주셨습니다.

늙은 여인을 보거든 어머니라고 생각하고
중년의 여인을 보거든 누이나 동생으로 생각하고
어린 처녀를 보거든 딸이라고 생각해라.
이 몸이란 머리끝에서 발끝까지 뼈를 줄기로 해서
살을 바르고 엷은 가죽으로 덮었다.
그 속에는 똥, 오줌, 가래, 고름과 같은
갖가지 더러운 것이 가득 차 있다고 생각하라.
모든 감각기관의 문을 굳게 지키고
그 마음을 잘 붙잡아 매어야 한다.
대상에 집착하면 탐욕이 생기게 되니라.
항상 눈의 빛깔, 귀의 소리, 코의 향기,
혀의 맛, 몸의 촉감, 생각의 분별을 단속해야
욕망의 유혹에서 벗어날 수 있느니라.

잡아함 43권 《빈두라경》

애욕을 다스리는 법

 애욕은 갈애(목마름·격렬한 욕망)다. 애욕은 뿌리가 깊어 일시적 조절로는 안되기 때문에 뿌리를 끊어 버리라고 부처님께서는 일러주셨다.
 두 청년이 한 여자를 두고 티격태격하다가 한 청년이 다른 청년을 죽였다. 두 청년은 같은 동아리 회원으로 친한 친구였다. 한 여자가 죽은 청년을 사랑하다가 변심하여 가해자를 사랑하게 됐다. 두 친구는 이 문제를 놓고 다투다가 결국 한 사람이 죽는 비극을 저질렀다.
 우리 주변에는 이처럼 사랑에 눈이 멀거나 애욕의 포로가 돼 이성(理性)을 잃는 경우가 있다. 부처님은 말씀하셨다.
 "잡초는 논밭을 망치게 하고 애욕은 사람들을 망치게 한다."

 당신은 애욕을 어떻게 다스립니까?

욕정 끊기를 가을 연꽃 꺾듯이

부처님은 이렇게 일러주셨습니다.

여자에 대한 남자의 욕정은
아무리 작더라도 끊어지기 전에는
그 사람의 마음을 매어 놓는다
송아지가 어미젖에 매달리듯이.

자신의 욕정을 끊기를
가을 연꽃을 손으로 꺾듯 하라
고요에 이르는 길을 찾아라
열반의 길은 여래가 가르쳐 주었다.

《법구경》도행품

모든 애욕의 물결은 사방으로 흐르고
욕정의 덩굴은 이리저리 뻗는다
덩굴이 뻗어가는 줄 알고 있다면
지혜의 칼로 그 뿌리를 도려내라.

애욕에 사로잡힌 사람들은
함정에 빠진 토끼처럼 맴돈다.
속박과 집착의 그물에 걸려
두고두고 괴로움을 받는다.

《법구경》 애욕품

이 세상에서 천박한 집념과
불타는 애욕에 정복된 사람은
걱정 근심이 쉬지 않고 자란다
비 맞아 무성한 비라나풀처럼.

이 세상에서 천박하고
불타는 애욕을 억제한 사람은
온갖 근심 걱정 말끔히 여의리라
물방울이 연잎에서 떨어지듯이.

잡초는 논밭을 망치게 하고
애욕은 사람들을 망치게 한다
애욕이 없는 이에게 드리는 보시는
큰 갚음을 가져오리라.

《법구경》애욕품

남의 아내를 유혹하면

불교의 오계 중에 불사음(不邪婬)이 있다.

아내 외에 다른 여자를 탐하지 말고, 남편 외에 다른 남자를 탐하지 말라는 가르침이다.

남의 아내를 탐하는 남편은 자기 아내도 남의 남편을 탐할 수 있다는 것을 잊지 말아야 한다. 남의 남편을 탐하는 아내도 마찬가지다. 바람난 남편이나 아내가 서로 입장을 바꾸어 생각하면 외도를 하다가도 정신이 번쩍 들 것이다.

당신은 불사음계를 범할 때가 있습니까?

네 가지 화를 만난다

부처님은 이렇게 일러주셨습니다.

방종하여 남의 아내를 유혹하는 자는
다음 네 가지 일과 만난다
화를 불러들이고 편히 잠들 수 없으며
비난을 받고 지옥에 떨어진다.

화를 스스로 불러들이고 지옥에 떨어지고
두려운 가운데 늘 조마조마하고
왕도 무거운 벌을 내린다
그러니 남의 아내와 가까이 말라.

《법구경》 지옥품

쾌락에 빠진 사람에게 주는 교훈

쾌락에 빠지는 것은 중독 상태에 빠지는 것과 같다.

이성 간의 애욕뿐 아니라 요즘 사회적으로 문제가 된 사행성 오락게임 '바다이야기', 고스톱 열풍, 인터넷 게임, 경마, 마약, 카지노 등이 다 중독을 부추기는 쾌락의 도구다.

비아그라를 사용하면서까지 성을 즐기려는 것이나, 게임이나 투전으로 대박의 돈을 벌어보겠다는 한탕주의나, 마약을 복용해 몽롱한 정신으로 세상을 바라보겠다는 것은 모두 욕망의 노예로 전락된 중독 상태다.

"쾌락에 빠진 이들이여, 잠든 마을을 홍수가 휩쓸어 가기 전에 얼른 제 정신을 차리십시오."

당신은 혹시 쾌락에 빠져 있지 않습니까?

잠든 마을 홍수가 휩쓸어 가듯

부처님은 이렇게 일러주셨습니다.

꽃(쾌락)을 꺾는 일에만 팔려
제 정신을 차리지 못한 사람은
죽음의 신이 앗아간다
잠든 마을을 홍수가 휩쓸어 가듯이.

꽃을 꺾는 일에만 팔려
마음에 끈질긴 집착을 가지고
애욕에 빠져 허덕이는 사람은
마침내 죽음의 악마에게 정복당한다.

《법구경》 화향품

수태된 생명을 떨어뜨리면

아기의 성장앨범을 비싼 값에 만들어 주고 있다.

이 앨범에는 아기가 엄마 뱃속에 있는 모습부터 시작해서 태어나고 자라는 과정을 담는다고 한다. 태아가 소중한 생명임을 재삼 확인시켜 주는 좋은 아이디어다.

태어나면서부터 한 살로 치는 우리나라 나이 계산법 역시 만 나이로 계산하는 서양과는 달리 수태기간을 태아의 나이로 인정하는 현명한 방법이다. 태아를 낙태시키는 것은 살생이다. 태어난 아기를 살생하는 것과 다르지 않다.

낙태는 문란한 성문화도 한몫 했겠지만 우리 사회의 산아제한과도 관련이 있을 것 같다. '둘 낳기' '하나 낳기' 가 죄악시 하던 낙태를 은근히 조장하지 않았을까.

요즘 우리 사회의 출산장려와 함께 낙태가 줄었으면 좋겠다.

절에서는 낙태영가의 천도의식으로 수자공양(水子供養)을 지낸다. 일본에서 시작된 새로운 의식인데 수자공양이 낙태에 대한 면죄부일 수는 없다. 낙태의 업보는 살생의 업보로써 한없는 고통을 받는다고 한다.

당신은 낙태를 어떻게 생각하십니까?

백천 세 동안 한없는 고통받네

부처님은 '온몸에 가죽이 없고 모양은 살덩이같이 생긴 몸이 큰 중생(낙태한 사람의 업신)'에 대해 이렇게 일러주셨습니다.

그 중생은 과거 세상에
태내에 수태된 생명을 떨어뜨렸다.
이 죄로 말미암아
그는 지옥에 떨어져
이미 백천 세 동안 한없는 고통을 받았고
지금도 그 고통을 계속해서 받고 있다.

잡아함 19권 《타태경》

잡초는 논밭을 망치게 하고
애욕은 사람들을 망치게 한다.

≪법구경≫ 애욕품

5장 삼독을 끊으면 언제나 즐겁다

부처님은 왜 출가하셨나

석가족의 왕자 고타마 싯다르타는 오직 아름답고 상쾌한 것들만 보며 살았다. 29세가 되던 해 그는 동서남북의 네 성문에서 노인과 병자, 죽은 사람 그리고 출가수행자를 보게 된다. 이것이 사문유관(四門遊觀)이다.

그는 물었다.

"왜 사람들은 늙어 갈까?" "죽음은 무엇인가? 죽음은 모든 것의 끝일까?"

왕자는 해답을 얻을 수 없었다.

네 번째로 만난 출가수행자의 얼굴은 늙었지만 한없이 조용하고 평화스러웠다. 왕자는 진정한 행복이란 그런 평화 속에 있다는 것을 깨달았다. 그는 '나는 어디에서 왔으며, 왜 여기 존재하며, 어디로 갈 것인가?' 즉 생로병사의 문제를 풀기 위해 몰래 왕궁을 빠져나와 출가길에 올랐다.

사문유관은 사실이 아니라 《유연경》을 근거로 만들어진 드라마라고 한다. 영민하고 종교적 명상이 깊었던 싯다르타 태자는 오래 전부터 생로병사의 문제로 심각한 고민을 했다는 것이다.

늙고 병들어 죽는 고통 극복 위해

부처님은 이렇게 말씀하셨습니다.

'지금 나의 건강도 영원한 것이 아니다.
또 누구나 늙고 쇠약해져서 고통을 받는다.
지금 나의 젊음도 영원한 것이 아니다.
또 누구나 늙고 병들어 죽는다.
지금 나의 삶도 영원한 것이 아니다.
얼마나 두려운 일인가.
그럼에도 사람들은 어리석어서
늙고 병들어 죽는다는 사실을 알면서도
범행을 닦지 않는다.
젊고 건강하다고 거들먹거리며
방일하고 욕심을 버리지 않는다.'
이렇게 깨달은 나는
늙고 병들어 죽는 고통을 극복하기 위해
출가를 결심하게 되었다.

중아함 29권 《유연경》

불교의 핵심교리 연기법

　연기(緣起)란 '기대어 일어나다'의 뜻을 지닌 말로써, 연기법은 모든 존재가 상호의존 관계에 있음을 밝힌 진리다. '이것이 있으므로 저것이 있고, 이것이 사라지므로 저것이 사라진다'는 표현처럼 모든 현상은 무수한 원인의 인(因)과 조건의 연(緣)이 상호관계하여 성립된다는 가르침이다.
　여자는 남자가 있어 존재한다. 남자도 여자가 있어 존재한다. 반대로 남자가 없으면 여자도 없고, 여자가 없으면 남자도 존재할 수 없다. 이처럼 조건이 사라지면 존재하던 모든 것들은 사라진다. 연기설의 일반적 형태는 무명(無明)·행(行)·식(識)·명색(名色)·육입(六入)·촉(觸)·수(受)·애(愛)·취(取)·유(有)·생(生)·노사(老死) 등 12항목이 순차적으로 발생·소멸하는 것을 나타낸 십이연기이다.
　십이연기는 요약하면, 어리석음(惑)에 의해 집착하면 어떤 행위(業)를 하게 되고 그것은 괴로움(苦)을 만든다는 세 가지 요소가 축이다. 이 열두 가지의 인연관계는 누구도 발견하지 못하고 깨닫지 못한 진리이다. 싯다르타 태자는 이것을 깨달아 부처님이 되었고 윤회의 사슬에서 벗어나 해탈을 얻었다.
　불교의 교리는 이 연기법을 기점으로 하여 전개된다.

이것이 있으므로 저것이 있고

부처님은 연기법에 대해 묻는 젊은 제자에게 이렇게 말씀하셨습니다.

연기법이란
내가 만든 것도 아니고 다른 사람이 만든 것도 아니다.
따라서 그것은 여래가 세상에 나오든 나오지 않든
법계에 항상 머물러 있는 것이다.
다만 나는 이 연기법을 스스로 깨닫고
깨달음을 이룬 뒤에
모든 중생을 위해 연설하고 드러내 보일 뿐이다.
즉 '이것이 있으므로 저것이 있고
저것이 있으므로 이것이 있다.
이것이 사라지므로 저것이 사라지고
저것이 사라지므로 이것이 사라진다' 고 말하는 것이다.

잡아함 12권 《연기법경》

부처님 최초의 설법 사성제

싯다르타 태자는 부처님이 된 후 가르침을 펴기 위해 베나레스로 갔다. 그곳 사슴동산(사르나트)에서 콘단냐 등 다섯 동료를 만나 최초의 설법을 했다. 이것이 그 유명한 초전법륜(初轉法輪)이다. 부처님은 네 가지 성스러운 진리(四聖諦)와 여덟 가지 바른길(八正道)에 대해 말씀했다.

사성제란 고제(苦諦)·집제(集諦)·멸제(滅諦)·도제(道諦)를 말한다. 이는 불법의 틀이며 연기가 그 내용이다.

첫 번째 고성제란 이 세상이 고(苦)라는 통찰이다. 생로병사와 사랑하는 사람과 헤어지는 고통, 싫은 사람을 만나는 고통, 구하는 것을 얻지 못하는 고통, 육체가 너무 왕성해서 오는 고통 등 삶 자체가 고통임을 아는 것이 중요하다는 가르침이다.

두 번째 집성제란 모든 고통의 원인은 집착과 욕망이니 그것을 끊는 것이 중요하다는 가르침이다. 세 번째 멸성제란 고통의 소멸에 관한 진리다. 존재의 실상이 고통이고 그 원인이 집착임을 알았으니 그 고통을 없애는 진리다. 멸성제는 고통을 멸한 상태가 열반임을 천명한다. 네 번째 도성제는 열반에 이르는 수행법을 가르친다. 고통을 완전히 잠재우는 실천방법은 중도(中道) 즉, 여덟 가지 바른길이라는 것이다.

성스럽고 참다운 네 가지 진리

부처님은 사성제에 대해 이렇게 말씀하셨습니다.

네 가지의 성스럽고 참다운 진리가 있다.
첫째는 모든 것은 괴롭다는 진리요(苦聖諦),
둘째는 괴로움의 원인은 번뇌와 갈애의 쌓임에 있다는 진리요(苦集聖諦),
셋째는 모든 괴로움이 소멸된 진리요(苦滅聖諦),
넷째는 괴로움을 소멸시키는 방법의 진리(苦滅道聖諦)다.
이미 모든 것이 괴롭다는 진리를 알고 이해하며(知), 괴로움의 원인이 번뇌와 갈애의 쌓임에 있음을 알고 끊으며(斷), 괴로움이 소멸된 진리를 알고 증득하며(證), 괴로움이 사라지는 방법의 진리를 알고 닦았다면(修), 그런 사람은 빗장과 자물통이 없고, 구덩이를 편편하게 고르고, 모든 험하고 어렵고 얽매이는 것으로부터 벗어났다고 하리라. 그는 어질고 성스러운 사람이라 부를 것이며, 거룩한 깃대를 세웠다고 하리라.

잡아함 15권《현성경》

불교수행의 종착역 열반

어느 날 존자 사리풋타의 옛 친구 잠부카다카가 찾아와서 물었다.

"당신 스승은 자주 열반에 대해서 말하고 있는데 도대체 열반이란 어떤 상태를 가리키는 것인가?"

사리풋타는 '탐욕과 분노와 어리석음이 영원히 사라진 상태'라고 대답했다. 탐진치 삼독이 영원히 다한 상태가 불교수행의 목적인 열반이라는 것이다. 간결하면서도 명쾌한 답이다.

열반(涅槃)이란 불어서 끈 상태, 타오르는 번뇌와 욕망의 불꽃을 끈다는 뜻이다. 어느 것에도 얽매이지 않고 속박에서 벗어난 자유, 평화, 해방의 경지다.

부처님은 깨달으신 후 베나레스로 가는 길에 이런 말씀을 하셨다.

"이제 나는 완전한 이, 즉 부처님이 되었다. 나는 평화를 얻었고 열반을 얻었다."

삼독이 영원히 다한 상태

부처님의 제자 사리풋타는 열반의 상태에 대해 묻는 외도에게 이렇게 대답했습니다.

열반이란 것은
탐욕이 영원히 다하고
분노가 영원히 다하고
어리석음이 영원히 다한 상태를 말하는 것이네.

잡아함 18권 《염부차경》

열반으로 가는 길

잠부카다카가 다시 열반에 이르는 길을 물었다. 이에 사리풋타는 여덟 가지 바른길(팔정도)을 일러줬다. 팔정도는 극단을 떠난 중도로서 모든 욕심과 번뇌를 끊고 완전한 지혜에 이르게 하는 수행법이다.

팔정도는 정견으로 시작한다. 정견(正見)은 바른 견해다. 모든 악이 무지에서 나오니 모든 것을 바로 볼 수 있으면 바로 행할 수 있다. 연기와 사성제의 도리를 제대로 인식하는 일이다. 정사유(正思惟)는 바른 사색이다. 바른 견해에 입각하여 옳은 방향을 사색해 가는 일이다. 정어(正語)는 바른말이며, 정업(正業)은 바른 행동이다. 옳은 생각, 바른말을 하면 자연스럽게 바른 행동을 할 수 있다. 정명(正命)은 바른 생활이다. 정사유, 정어, 정업 등 청정한 생각, 말, 행동이 정견과 결합된 태도로서 남에게 해를 끼치지 않고 삶을 영위하는 것이다. 정정진(正精進)은 바른 노력이다. 정명의 원동력으로 부지런히 수행함을 뜻한다. 정념(正念)은 바른 생각이다. 온전히 깨어 있어야 사물에 대한 바른 견해를 갖게 된다. 정정(正定)은 바른 명상이다. 마음을 온전히 집중하여 명상하는 선(禪)을 뜻한다.

여덟 가지 바른길을 걸으면

사리풋타는 열반으로 가는 길을 이렇게 말했습니다.

그 길은 여덟 가지가 있네.
이를 팔정도라 하네.
팔정도란 바른 견해(正見), 바른 사색(正思惟), 바른 말(正語), 바른 행동(正業), 바른 생활(正命), 바른 노력(正精進), 바른 생각(正念), 바른 명상(正定)이네.
어떤 사람이든 이 여덟 가지 길을 걷게 되면 열반에 이를 수 있네.

잡아함 18권 《염부차경》

불교의 종교적 특질

"오직 네가 경험한 것만을 믿고 스스로 검증한 후 이성으로 동의할 수 있는 것 중에서 만인의 행복에 도움이 되는 것만을 믿고 따르며 거기서 절대로 벗어나지 말라."

부처님의 이 말씀에서 볼 수 있듯 불교는 현실의 이론이며 해탈의 방법이다. 이것을 '법', '진리' 라 하는 데 바로 불교의 종교적 특징이기도 하다.

부처님은 《왕경》에서 불교의 다섯 가지 특징을 말씀했다.

첫째는 현실적으로 증명되는 가르침(現見)이다. 증명할 수 있고 현재 여기서 볼 수 있는 것이다. 둘째는 시간에 간격을 두지 않고 과보가 있는 가르침(不待時節)이다. 예를 들어 분노가 일어났을 때 그것을 버려 그 자리에서 편안하게 한다. 때를 기다릴 필요가 없다. 셋째는 와서 보라고 말할 수 있는 가르침(來見)이다. 누구에게든 와서 보라고 말할 수 있다. 넷째는 열반으로 인도하는 가르침(親近涅槃)이다. 팔정도를 통해 열반에 이르라고 일러준다. 다섯째는 지혜 있는 사람이라면 스스로 알 수 있는 가르침(應自覺知)이다. 특별한 사람만이 아는 길이 아니다.

현실적으로 증명되는 것

부처님은 파세나디왕에게 이렇게 말씀하셨습니다.

여래(부처님)의 바른 가르침은
현실적으로 증명되는 것이며
시간에 간격을 두지 않고 과보가 있는 것이며
와서 보라고 말할 수 있는 것이며
잘 열반으로 인도하는 것이며
지혜 있는 사람이라면 각기 알 수 있는 것입니다.
따라서 여래의 가르침은 중생의 좋은 짝이며 벗입니다.
왜냐하면 중생이 태어나고 늙고 병들고 죽으며
근심과 슬픔과 번뇌와 괴로움에 빠져 있으면
그 모든 번뇌를 떠나
시절을 기다리지 않고
현재에서 그 고통을 벗어나게 하며
바로 보고 통달하게 하며
스스로 깨달아 증득하게 하기 때문입니다.

잡아함 46권 《왕경》

양극단을 피하는 중도

부처님은 출가 후 6년 간 고행수도를 했다. 하루에 쌀 몇 알과 참깨 몇 알로 연명했다. 수없는 밤을 지새우는 등 극단적인 방법의 수행을 했다. 몸은 피골이 상접하여 졌다. 고행을 하면 할수록 깨달음은 멀게만 느껴졌다. 파키스탄의 라호르 박물관에 있는 고행상은 그때의 모습을 잘 나타내고 있다.

고행의 무익함을 깨달은 부처님은 탐닉과 고행이라는 양극단을 버리고 혼자만의 길을 가기로 했다. 부처님은 마을 처녀가 끓여 준 유미죽을 먹고 원기를 회복한 후 보리수 아래에 앉아 깊은 명상을 거듭한 끝에 깨달음을 이루고 열반을 얻었다. 양극단 어느 쪽에도 치우치지 않은 이 새로운 길이 바로 중도(中道)이다. 이것은 뒷날 제자들에게 가르친 팔정도의 길이다. 중도는 수행뿐 아니라 우리의 일상생활에서도 실천해야 할 중요한 가르침이다.

거문고 줄을 고르듯이

부처님은 이렇게 일러주셨습니다.

거문고를 탈 때
줄을 너무 느슨하게 하거나 반대로 팽팽하게 하면
미묘한 소리가 나겠는가.
수행도 그와 같다.
너무 급하면 오히려 피곤해지고
반대로 너무 느슨하면 게을러진다.
그러므로 이 두 가지 이치를 잘 알아서
거문고 줄을 고르듯이
너무 급하지도 않고 느슨하지도 않게
중도를 취하여 수행해야 한다.

잡아함 9권 《이십억이경》

세상에서 가장 즐거운 일

어느 날 코살라의 파세나디왕을 비롯한 여러 귀족들이 한자리에 모여 연회를 벌였다. 연회가 무르익자 누군가가 '이 세상에서 가장 즐거운 것이 무엇인가'를 화제로 꺼냈다. 이에 대해 한 왕은 '아름다운 모습(色)이 가장 즐겁다'고 말했다. 다른 사람들은 아름다운 소리(聲), 향기(香), 맛(味), 감촉(觸)이라고 말했다.

왕들은 결론을 못 내리자 부처님을 찾아가 여쭈었다. 부처님은 "자기의 뜻에 맞아 적절하게 유쾌한 것이 가장 즐거운 것"이라고 말씀하셨다.

그 적절함이란 바로 중도의 길이다.

적절하게 유쾌한 것

부처님은 이렇게 일러주셨습니다.

모든 즐거움은
자기의 뜻에 맞아야 가장 즐거운 것이 되는 것이다.
자기의 뜻에 맞는다는 것은
다섯 가지 감각기관(눈, 귀, 코, 입, 몸)으로
어떤 느낌을 받아들일 때
지나치거나 모자라지 않고 적절한 것을 이른다.
그러므로 적절하게 유쾌한 것이
가장 즐거운 것이라고 생각한다.

잡아함 42권 《칠왕경》

눈·귀·코·입·몸·뜻이 당신의 것인가

제법무아(諸法無我)라는 가르침이 일러주듯 영원한 자아란 없다. 우리의 몸·감정·생각 등은 인연 따라 생멸하는 일시적인 결합체일 뿐이다. 그래서 실체가 없다. 범부의 입장에서 육근(눈·귀·코·입·몸·뜻)이 내 것이 아니라고 생각하기는 쉽지 않다. 그러나 영원한 내 것이라는 그릇된 집착을 끊어야만 열반으로 향할 수가 있다.

아무리 집착해도 나의 것 아니다

부처님은 이렇게 일러주셨습니다.

영원하지 않은 것에 집착할 이유가 무엇인가?
눈·귀·코·입·몸·뜻은 아무리 집착해도
'나'도 아니고 '나의 것'도 아니다.
이렇게 관찰하면
모든 세간의 일에 대해서도
집착할 것이 없고
집착할 것이 없으므로
열반을 깨닫게 된다.
안락하고자 하거든
내 것이 아닌 것은 모두 버려라.

잡아함 10권 《기사경》

어리석은 중생과 지혜로운 성자의 차이

범부 중생은 감각기관으로 어떤 대상을 접촉하면 느낌에 집착하고 얽매인다. 때문에 근심하고 슬퍼하고 울고 원망한다. 그러나 성자들은 누구에게 매를 맞아도 아프다는 몸의 느낌만 생길 뿐 분노하거나 원망하는 생각의 느낌이나 마음의 동요를 일으키지 않는다.

즉 두 번째 화살을 맞지 않는다는 부처님의 가르침이다.

어느 날 나는 식당에서 친구들과 식사를 하면서 이 이야기를 했다. 계산을 하는 데 주인 여자가 내게 말했다.

"본의 아니게 선생님 말씀을 엿들었습니다. 두 번째 화살을 맞지 말자는 말씀은 꼭 제게 해당되는 것 같았습니다."

나는 그 젊은 여사장에게 이 책이 나오면 보내 주려고 주소를 받아왔다.

두 번째 화살을 맞지 않는다

부처님은 이렇게 일러주셨습니다.

지혜롭고 거룩한 성자도 감각기관으로
어떤 대상을 접촉하면 괴롭다는 느낌, 즐겁다는 느낌,
괴롭지도 즐겁지도 않다는 느낌을 갖는다.
그러나 범부처럼 근심과 슬픔과
원망과 울부짖음 같은 증세를 일으키지 않는다.
몸의 느낌만 생길 뿐
생각의 느낌은 생기지 않는다.
이는 느낌에 집착하지 않고
얽매이지 않기 때문이다.
비유하면 첫 번째 화살을 맞았으나
두 번째 화살은 맞지 않는 것과 같으니라.

잡아함 17권 《전경》

범부 중생에서 벗어나려면

　우리의 심신은 모두 인연에 의해서 오온(五蘊)이 잠정적으로 모여 이루어진 것에 지나지 않는다. 이것을 오온가화합(五蘊假和合)이라 한다. 오온이란 물질(色), 느낌(受), 생각(想), 행위(行), 의식(識)을 말한다.
　집착할 실체가 없는데 중생은 일시적으로 이루어진 현상계에 집착하므로 고통에서 벗어나질 못한다.
　모래집이 한갓 흙무더기인 줄 알게 되면 발로 차고 허물어 버려도 연연하지 않는다. 모든 사물을 바로 보면(正見) 집착을 끊어 버릴 수 있다.

괴로움의 끝을 보면 중생 허물 벗어

부처님은 이렇게 일러주셨습니다.

물질(色)에 집착하고 얽매이는 사람, 어떤 대상을 느끼고(受) 생각하고(想) 행위하고(行) 의식하는(識) 데 집착하고 얽매이는 사람을 중생이라 한다.
비유하면 이렇다.
어린아이들이 흙으로 성을 쌓거나 집을 지어 놓고 거기에 집착하여, '이 성과 집은 내 것'이라고 말한다. 어느 순간 그것이 한갓 흙무더기인 줄 알게 되면 그것을 발로 차고 허물어 버리면서도 안타까워하거나 슬퍼하지 않는다. 이와 같이 중생도 물질에 대한 집착을 없애 버리면 사랑이 다할 것이고 사랑이 다하면 괴로움도 다하고 괴로움이 다하면 괴로움의 끝을 보게 될 것이다. 그러면 그는 중생이란 허물도 벗게 되는 것이다.

잡아함 6권 《중생경》

원인과 결과의 법칙

불교에서는 인과(因果)를 강조한다. 선행을 하면 좋은 과보를, 악행을 하면 나쁜 과보를 받는다고 가르친다. 어떤 사람들은 이런 말을 한다. "착한 사람이 못 살고, 나쁜 짓만 일삼는 사람이 잘 사는 것은 인과의 법칙에 어긋나지 않느냐?" 여기서 챙겨야 할 가르침이 《법구경》 악행품의 말씀이다. 악의 열매나 선의 열매가 익기 전에는 선한 사람도 재앙을 만나고 악한 사람도 복을 만날 수 있다는 것이다.

업보가 늦게 나타나는 것도 모르고 '내게는 업보가 오지 않으리라' 생각하거나 악을 가볍게 보아서는 안된다고 부처님은 일러주셨다. 업(業)이란 행동이다. 생각·말·동작 등을 다 업이라 한다. 모든 행동에는 반드시 결과가 따른다. 그래서 업을 원인과 결과의 법칙(인과의 법칙)이라고 한다.

나에게 좋은 일이 생기면 그것은 예전에 내가 좋은 일을 한 업이 나에게 닿은 것이다. 불행이 닥치면 그것은 지난날의 잘못을 일러주는 것이다. 그러니 깨끗해지고 더러워지는 것은 외부로부터의 작용이 아니다. 자업자득의 자기 몫이다.

당신은 인과의 법칙을 믿고 있습니까?

선악의 열매가 익었을 때

부처님은 이렇게 일러주셨습니다.

악의 열매가 맺기 전에는
악한 자도 복을 만난다
그러나 악의 열매가 익었을 때
악한 자는 재앙을 입는다.

선의 열매가 맺기 전에는
선한 이도 이따금 화를 만난다
그러나 선의 열매가 익었을 때
선한 사람은 복을 누린다.

《법구경》악행품

어리석은 자는 악한 짓 하고도
스스로 그것을 깨닫지 못한다
자기가 지은 업의 불길에
제 몸을 태우면서 괴로워한다.

《법구경》 도장품

내가 악행을 하면 스스로 더러워지고
내가 선행을 하면 스스로 깨끗해진다
그러니 깨끗하고 더러움은 내게 달린 것
아무도 나를 깨끗하게 해 줄 수 없다.

《법구경》 기신품

'내게는 업보가 오지 않으리라' 고
악을 가볍게 여기지 말라
방울물이 고여서 항아리를 채우나니
작은 악이 쌓여서 큰 죄악 된다.

'내게는 과보가 오지 않으리라' 고
선을 가볍게 여기지 말라
방울물이 고여서 항아리를 채우나니
조금씩 쌓인 선이 큰 선을 이룬다.

《법구경》 악행품

인생에서 명암이 교차하는 이유

사람의 운명은 한번 정해지면 변하지 않는가.

그렇지 않다. 명문가에서 태어나 유복하게 자란 사람도 비참한 말년을 맞는 경우가 있다. 그런가 하면 고 정주영 씨처럼 가난을 이기고 큰 재벌이 된 사람도 있다. 이처럼 인생에서 밝음과 어둠이 교차하는 이유를 부처님은 '업' 때문이라고 일러주셨다.

운명이란 자기 자신이 만드는 것이다.

어떤 업을 짓느냐, 즉 어떻게 사느냐에 따라 행복해질 수도 있고 불행해질 수도 있다. 자기 운명의 주인은 바로 자기 자신이다.

당신은 지금 어떤 업을 짓고 있습니까?

인생의 네 갈래 길

부처님은 이렇게 일러주셨습니다.

인생에는 밝음과 어둠이 있고
그것은 다시 네 갈래의 길을 만들어 간다.
어둠에서 어둠으로
어둠에서 밝음으로
밝음에서 어둠으로
밝음에서 밝음으로 들어가는 길이 그것이다.
인생에서 이렇게 밝음과 어둠이 교차하는 이유는
선업을 닦았느냐 악업을 지었느냐에 달려 있다.

잡아함 42권 《명명경》

괴로움에서 벗어나는 방법

지금은 많이 달라졌겠지만 우리 어릴 때만 해도 시골에 가면 괴로움에서 벗어나고, 액을 막기위해 마을의 큰 나무에 제사 지내거나 치성 드리는 광경을 볼 수 있었다.

점을 치는 곳은 지금도 많다. 점을 보러 다니는 사람도 많다. 부처님은 이러한 점이나 주술행위를 옳지 않다고 하셨다.

"어떤 수행자는 신들에게 복을 내려 달라고 공양물을 올리고 기도하며 제사 지낸다. 자손의 번창을 빌어주고, 병이 낫도록 주문을 외운다. 신체의 일부를 보고 수명과 재화를 점친다. 국운을 점치거나 예언한다. 그러나 석종 사문은 그런 짓을 하지 않는다. 나는 오직 참다운 진리를 깨달아 열반에 이르는 길을 가라고 가르친다."

장아함 14권 《범동경》의 말씀이다.

부처님은 괴로움에서 벗어나는 방법으로 사성제와 팔정도의 길을 일러주셨다.

당신은 점을 치거나 신에게 제사를 지냅니까?

의지할 곳은 여덟 가지 바른 길

부처님은 이렇게 일러주셨습니다.

공포에 쫓긴 사람들은
산과 숲 속으로 들어가
동산과 나무와 사당에 제사 하며
의지할 곳을 찾는다.

그러나 그 곳은 안전하게 의지할 곳도
가장 좋은 곳도 아니다
그런 곳을 찾은 후에도
온갖 고통에서 벗어날 수는 없다.

괴로움과 괴로움이 일어난 원인과
괴로움을 없애는 것과
괴로움을 없애기에 이르는
여덟 가지 바른길이 있다.

《법구경》 불타품

죄업을 씻으려면

인도에 갔을 때다.

인도사람들에게는 갠지스 강물이 성수라는 안내인의 말을 듣고서 일행 중의 한 사람이 강물을 손으로 떠서 마셨다. 사람들은 웃으며 그를 쳐다봤다.

"강물에 목욕을 해서 죄업이 사라진다면 그 강물 속에 사는 물고기는 죄업이 하나도 없다고 해야 할 것이다"라는 부처님 말씀은 웃음을 자아내면서도 마음에 새겨야 할 가르침이다. 죄업을 닦으려면 의미없는 목욕의식이나 강물을 마실 일이 아니라 잘못을 참회하고 오계를 지키는 청정한 삶을 살아야 할 것이다.

범행 닦아야 죄업 씻는다

부처님은 이렇게 일러주셨습니다.

어떤 강물도 사람의 죄업을 깨끗하게 할 수는 없다.
만약 그 강물에 목욕을 해서 죄업이 사라진다면
그 강물 속에 사는 물고기는
죄업이 하나도 없다고 해야 할 것이다.
죄업을 깨끗이 하고 싶으면
청정한 범행을 닦는 것이 옳다.
즉 생명을 함부로 해치지 말 것이며
남의 물건을 훔치지 말 것이며
남의 아내를 탐하지 말 것이며
남을 속이지 말아야 한다.
이러한 사람은 우물물에 목욕을 해도 깨끗할 것이다.

잡아함 44권 《손타리경》

기복주의에서 벗어나라

어느 날 가미니라는 사람이 부처님을 찾아와 이렇게 말했다.
"세존이시여, 하늘의 신을 섬기는 다른 종교의 사제들은 만일 중생이 목숨을 마치면 그를 천상에 태어나게 할 수 있다고 말합니다. 세존께서는 법왕이시니 부디 목숨을 마친 중생이 천상에 태어나게 하소서."

《가미니경》은 그때 부처님께서 가미니에게 일러주신 인과의 가르침을 담고 있다.

"악업을 지은 사람을 아무리 천상에 태어나라고 축원해도 그는 천상에 태어날 수 없다. 선업을 지은 사람은 아무리 악도에 떨어지라고 저주해도 악도에 떨어지지 않는다."

인과를 가르치는 불교는 신이나 부처님께 기도하면 모든 것이 해결된다고 믿는 기복주의와는 거리가 먼 종교다. 아들이 좋은 대학에 가길 원한다면 실력을 갖추도록 해야지 아들은 공부하지 않는 데 부모만 기도하면 그 결과가 어떻게 되겠는가. 부모의 간절한 발원이 아들에게 전달돼 열심히 공부할 수 있는 조건을 만들어 주는 것이 바람직한 기도일 것이다.

연못에 빠진 돌 떠오를 수 없듯

부처님은 이렇게 일러주셨습니다.

어떤 사람이 크고 무거운 돌을 깊은 연못 속에 던져 넣었다. 그리고 많은 사람들이 와서 '돌이 떠오르게 하여 주소서' 라고 축원했다. 과연 그 돌이 떠오르겠는가?

어떤 사람이 기름을 연못에 부었다. 그러자 많은 사람들이 '기름이 가라앉게 하여 주소서' 라고 축원했다. 과연 기름이 가라앉겠느냐?

어떤 사람이 열 가지 나쁜 업을 지었다고 하자. 그를 위해 사람들이 아무리 천상에 태어나라고 축원해도 그는 천상에 태어날 수 없다. 그는 연못에 빠진 무거운 돌처럼 악도에 떨어지리라.

어떤 사람이 열 가지 선한 업을 지었다고 하자. 사람들이 그를 악도에 떨어지라고 저주해도 그는 악도에 떨어지지 않는다. 마치 기름을 물에 가라앉히고자 하나 가라앉지 않는 것처럼.

중아함 3권 《가미니경》

오계를 범하는 사람

오계(五戒)는 ①죽이지 말라 ②거짓말 하지 말라 ③훔치지 말라 ④사음하지 말라 ⑤술을 마시지 말라이다.

'죽이지 말라' 는 생명을 존중하는 자비를 가르친다.

'거짓말 하지 말라' 는 진실한 말과 더불어 마음가짐과 행동을 진실하게 가질 것을 가르친다.

'훔치지 말라' 는 남의 것을 탐하지 말고 존중하라는 가르침이다.

'사음하지 말라' 는 부부 아닌 남녀의 성적 관계를 경계한다.

'술을 마시지 말라' 는 마음이 항상 깨어 있어야 함을 일깨운다.

오계는 재가신자를 위한 가르침으로 사람이면 누구나 지켜야 할 생활지침이다. 따라서 오계를 범하는 사람은 비윤리적이며 사람대접을 받을 자격이 없다.

자신의 뿌리를 파고 있는 사람

부처님은 이렇게 일러주셨습니다.

산목숨을 죽이고
거짓을 말하고
주지 않은 것을 취하고
남의 아내를 범하고,

곡식이나 과일로 빚은 술에
빠져 버린 사람은
바로 이 세상에서
그 자신의 뿌리를 파고 있는 사람이다.

《법구경》 진구품

호흡명상법

　호흡명상법은 마음을 한곳에 집중하여 마시는 숨과 내쉬는 숨을 관찰하는 것이다. 중국에서는 나고 드는 숨을 세어서 마음을 가라앉히는 관법이라 하여 수식관(數息觀)이라고 한다.
　부처님은 《안나반나념경》에서 호흡명상법에 대해 상세히 설명하셨는데, 경 이름 안나반나(ānāpāna)란 호흡을 뜻하는 말이다. 안나반나 명상법은 관찰의 대상을 내부에 두는 위파사나 명상법 가운데 가장 대표적인 명상법이다.
　팔정도의 바른 명상(正定)에 들어가기 위해서도 호흡명상을 한다. 집중은 마음을 흐트러지지 않게 하고, 명상은 그러한 마음을 밝고 고요하게 한다. 명상 수행을 거듭하면 탐욕·분노·어리석음으로 물든 마음이 점점 순수해지고 깨끗해져서 진리를 꿰뚫어 볼 수 있는 지혜가 생긴다.
　숨차게 돌아가는 현대인들의 삶. 바쁜 일상 속에서 호흡을 가다듬고 자기를 들여다보는 명상을 생활화 해 보면 어떨까.

오직 들숨과 날숨에만 집중

부처님은 이렇게 일러주셨습니다.

먼저 여러 감각기관을 잘 단속하고
고요한 방이나 나무 밑에 몸을 단정히 하고 앉는다.
생각은 눈앞에 매어 두고
탐욕과 성냄과 수면과 들뜬 생각과 의심을
모두 단절해 버린다.
그런 뒤 숨을 들이쉬거나 내쉴 때는
오직 숨을 쉰다는 것에만 생각을 집중한다.
들숨 때는 숨이 들어오고 있구나
날숨 때는 숨이 나가고 있구나 하고 관찰한다.
이렇게 닦으면 몸과 마음이 쉬게 되고
생각이 순일해지며
순수하고 분명한 생각을 닦아 만족스러워진다.

잡아함 29권 《안나반나념경》

불교를 믿고 공부하는 이유

불자들에게 왜 불교를 믿느냐고 물으면 무엇이라고 답할까. 아난다는 그 답을 아주 간결하게 일러주고 있다.
"탐욕(貪)과 성냄(瞋)과 어리석음(痴)을 끊기 위해서지요."
우리는 탐진치 삼독을 끊어 열반을 얻기 위해 불교를 믿고 공부한다.

탐진치를 세 가지 독이라고 하는 것은 마치 독뱀의 독과 같다는 뜻이다. 세 가지 불(三火), 세 가지 때(三垢)라고도 한다.

탐진치는 번뇌의 근본이며 악의 뿌리다. 탐욕은 끝이 없는 의지의 악이다. 성냄은 증오심에 불타는 마음으로 감정의 악이다. 어리석음은 무엇이 옳고 그른지 판단을 못하는 지적인 악이다. 탐욕과 성냄은 바로 어리석음에 뿌리를 두고 있다.

'악한 일을 하지 말고(諸惡莫作)/선한 일 두루 행해(衆善奉行)
마음을 깨끗이 하라(自淨其意)/이것이 부처님들의 가르침이다(是諸佛教).'

《법구경》 불타품의 이 말씀은 불교의 가르침을 한마디로 압축하고 있다. 악한 일 하지 말고 착한 일 실천하여 마음을 깨끗이 하려면 삼독의 뿌리를 뽑아내야 하는 데 그 구체적인 방법이 팔정도 수행이다.

삼독을 끊으면 언제나 즐겁다

   부처님의 제자 아난다는 불교수행의 이유와 목적을 묻는 외도에게 이렇게 대답했습니다.

   탐욕과 성냄과 어리석음을 끊기 위해서입니다.
   탐진치 삼독에 집착하면
   마음이 캄캄해져 자기와 남을 해치게 됩니다.
   그 순간 지혜가 없고 판단이 흐려져
   열반에 이르는 것을 방해할 뿐입니다.
   삼독을 끊으면 자기도 해치지 않고
   남도 해치지 않으며
   현세에서도 죄를 짓지 않고
   후세에서도 과보를 받지 않게 됩니다.
   마음은 언제나 기쁘고 즐거우며
   번뇌를 떠나 현세에서 깨달음을 얻게 됩니다.
   삼독을 끊으려면
   부처님이 일러준 여덟가지 바른 수행(八正道)을 실천하면 됩니다.

잡아함 35권 《전타경》

2006년 11월 15일 초판 1쇄 발행
2020년 1월 7일 초판 3쇄 발행

| 펴낸이 | 김동금
| 지은이 | 최정희
| 펴낸곳 | 우리출판사
| 등 록 | 제9-139호
| 주 소 | 서울시 서대문구 경기대로9길 62
| 전 화 | (02) 313-5047 · 5056
| 팩 스 | (02) 393-9696
| 이메일 | woribooks@hanmail.net
| 홈페이지 | woribooks.com

ISBN 89-7561-244-9 03220
값 10,000원